JN099109

野球の子

盟友

かみじょうたけし

二見書房

はじめに

高校野球が大好きで春、夏の甲子園だけでなく地方大会にも足を運びます。

3年生にとって、夏の地方大会は一度負けてしまえば引退です。

勝つことは素晴らしいことです。

しかし、勝者がいれば敗者が必ずいます。

最後まで負けない高校はたったの1校なのです。


高校野球は負け方を教えてもらえる場所なんじゃないかと思うことがあります。

人生において勝ち続ける人間なんてどこにもいません。ならば大切なのは負けたあと、どう立ち上がるかです。

何度負けても立ち上がる、ひたむきな姿に胸がしめつけられることがあります。

〝彼らを突き動かすあのエネルギーはいったいどこから生まれてくるのだろう？〟
僕がたどり着いた答えは「約束」です。

親、兄弟と交わした約束、友に誓った約束、自らに課した約束、人は誰しもが、この「約束」を守るために生きているのではないでしょうか。

そしてもしかすると大切なのは、約束を守ることではなく、守ろうと懸命に生きることではないでしょうか。
僕はきっとその姿に惹かれるのだと思っています。

固い約束を結んだ友人、同志のことを「盟友」といいます。

言葉には出さずともみんなが自分たちの「約束」を大切にして生きています。

「野球の子 ～盟友～」
誰かと交わした約束を守ろうと何度でも立ち上がる彼らの背中を、あなたにも知ってほしい。

２０２３年７月　かみじょうたけし

目次

野球の子

盟友

あの夏の再戦 前編

天理高校×生駒高校(奈良)

朝早くに家を出た。大阪上本町《うえほんまち》駅から電車に乗り、橿原《かしはら》神宮前駅へ向かう。今日は佐藤薬品スタジアムで夏の奈良大会決勝戦が行われるのだ。

2017年から奈良テレビ放送「ドラマティックナイン」(高校野球奈良大会のダイジェスト番組)のMCをやらせてもらっているので、ここ数年は決勝戦のゲスト解説としてバックネット裏から奈良の頂点を決める戦いを見届けている。

2022年決勝のカードは天理vs生駒。

名門天理に対し、生駒は創部60年目にして初の決勝進出という快挙を成し遂げていた。今年のメンバーは例年と違い中学硬式野球出身者が10人近く、軟式出身者も各チームでクリンナップを打つような選手ばかりが集まった稀な年だ。本人たちもある程度やれる手応えはあった。

実際この学年は、春は3回戦で、この夏は準決勝でともに智弁学園を倒している。

正直、奈良の県立高校が公式戦で同年に2度も智弁学園を倒すなんて僕の記憶にはない。

そんなチームがここまですべてコールドゲームという圧倒的強さで勝ち上がってきた天理と対戦する。

電車に揺られながら思わずニヤニヤしている自分の気持ちを何度となく整えた。

大和八木駅で橿原神宮前行きの電車に乗り換える。駅構内の階段を降りたところにあるパン屋さんでカレーパンとミルクティーを買って、再び電車に飛び乗った。

なにげなくスマホで他球場の様子をチェックしていたそのとき、ふいに僕の目に飛び込んできたSNSの文章に息がつまった。

「なによこれ……」

〝明日、天理高校と決勝戦があります。しかし現在、野球部でコロナウィルスの感染が増えてしまっています。

自分達で徹底して防げなかったこと、応援して下さった方々に申し訳無く思います。

本当にすみません。

毎試合奮闘してくれた北村、それを常に引っ張ってきた篠田、飯田、菅田、前田に矢野、その他のベンチ入りメンバーも怪しいです。

メンバーの半分以上が明日、顔を見せることができません。

それでもメンバーを入れ替えて残っている選手全員で戦おうって決めました。相手さんにも迷惑がかからないように、朝イチから抗原検査をして、きっちり対応してから、大丈夫だと判断された人数で試合します。

もしかすると状況によって試合すらも行うことができないと言われるかもしれません。

もし試合が行えるなら残っている選手達で決勝戦を思いっきり楽しみます。今まで試合をしてくださった相手高校さんの分まで精一杯の力をだしきります。

笑顔で引っ張って最高の夏を作り上げるのが僕の最後の役割だと思うので、試合に出れないメンバーの分の笑顔は僕が創り出します！

天理高校はとにかく強いし、元々厳しい戦いをしいられると思われているのに、さらにこの状況を課せられると本当に厳しい内容になると思います。

ですが、最後まで諦めないで自分達の野球を貫き通す事は絶対に約束します。みんなで一丸となって最強の敵に向かいます。

全員でがんばろう！

熊田颯馬〟

文末には生駒高校野球部キャプテンの名前が書かれている。これが本当ならとんでもないことが起こっている。

橿原神宮前駅に到着し、すぐに決勝戦を生放送する奈良テレビ放送の担当者に連絡した。

「生駒高校さんのこと、SNSで見つけたんですが……」

「かみじょうくん、そうなんよ……とにかく球場に来てください」

駅から球場まで小走りで5分くらいだろうか、なぜか息は切れなかった。

球場に入りバックネット裏にいた番組スタッフに声をかけた。

「どんな状況ですか？」

「どうやらベンチ入り20人のうち10人くらいは替わるみたいですねぇ……」

最悪の事態のなかでも、とにかく決勝戦は戦えるんだと思うしかなかった。

プレイボール直前まで何をしていたのかはまったく思い出せないが、カレーパンを食べ忘れたことと、球場の雰囲気を無視するかのように大きな白い入道雲が湧き上がっていたことだけは覚えている。

さんさんと降り注ぐ太陽の下、試合は何ごともなかったように始まった。

1塁側からは天理、3塁側からは生駒の野球部員が元気よく飛び出してきた。

今大会、生駒の試合は生で何度も見てきた。

この大会でここまで459球を投げ抜いたエース北村晄太郎《こうたろう》がいない。北村とともにマウンドを守った丹羽朝飛《にわあさひ》も、4番キャッチャー篠田莉玖《しのだりく》もいない。智弁学園戦で3安打と大活躍したリードオフマン飯田智規《いいだとものり》も、守備についたとき1度しゃがみ込む独特のルーティンの2番ファースト矢野郎志《ろうじ》の姿もグラウンドにはなかった。

20人中、実に12人がメンバー変更となった。

準決勝の智弁学園戦に先発したメンバーはキャプテンの熊田颯馬《そうま》、野村拓《たく》、筒井大翔《ひろと》、田副敢士《たぞえかんし》の4人だけ。打順は上位の1番から4番をその4人で埋めた。生駒の先発は1年生の草野純、公式戦初登板が決勝の天理戦となった。

「30、40点とられてもいいから全力であきらめずに行こう」

1年生を気づかう熊田キャプテンからの言葉だった。

先頭打者の藤森康淳《ふじもりこうじゅん》が四球を選び、2番松本大和《やまと》が手がたく送りバントでチャンスをひろげる。松本は今大会の郡山戦でホームランを放っている強打の2番打者だった。

「勝負ごとは手を抜くことが一番相手に失礼。全力で戦うぞ」

中村良二監督が試合前に選手に伝えた言葉どおり、しっかり先制点をもぎ取りにきた天理野球もまたカッコよかった。

3番戸井零士《といれいじ》はショートゴロ、しかし背番号7のショート野村がファーストへ悪送球。

「2年生から僕がショートのレギュラーでした。あの場所は誰にも任せたことがなかったので……申し訳ないって気持ちで観てました」

飯田智規が当時のことを教えてくれた。普段はレフトやサードを守っている野村が試合前にショートの守備位置を必死に聞いてきたそうだ。そんな彼を知っていたからこそ彼の悪送球を家のベッドで横たわり見守ることしかできない自分に腹が立った。

悔しかった。申し訳なかった。

結局、草野はこの回に3点、2回に2点、7失点した3回途中にマウンドを降りた。

続いてマウンドに上がった2年生の浅野貴優《きゆう》も13安打を浴び12失点……。

「点差がどんどん開いていくのが見てられなかったです。申し訳なくて……」

4番キャッチャーの篠田莉玖は天理のバッター陣の癖や特徴を後輩キャッチャーに託したつもりだった。しかしキャッチャーという「経験が大事」のポジションで、ましてや相手は天理打線。急造バッテリーで防げるほど甘くはなかった。

決勝戦の2日前、準決勝を観終えた僕はJR奈良駅近くにあるマツダスポーツ奈良店で一日店長&サイン会をやらせてもらっていた。

「かみじょうさん、いつもドラマティックナイン観てますよ！」

ご夫婦で来店された2人組にサインを書いたあと、ご主人がうれしそうに話をしてくれた。

「実は息子が今日、智弁学園を倒して、奈良の決勝まで来たんです」

「おめでとうございます！　息子さん生駒なんですね！　お名前は？」

「篠田です。篠田莉玖、キャッチャーやってます」

「4番篠田くんのお父さんですか⁉」

「実は僕も斑鳩高校時代、北野定雄監督のもとで野球やってまして、キャッチャーやってたんです。親子二代で同じ監督で、同じポジション、違うのはあいつは監督と僕を決勝まで連れてきてくれました」

息子への感謝の気持ちがあふれていた。そして北野監督から一番怒られた選手もこの篠田だった。監督からすれば教え子が大切な息子を自分に預けてくれた喜びはとても大きなものだったはずだ。ゆえに篠田への厳しさとはその責任だったのだろう。時を超えて芽生える愛情と敬重の念に心が震える。

「センターの熊田くん、素晴らしいプレーですね。これセンターに何本飛んでますか？」

解説の三木孝廣《みきたかひろ》さんがそんなことを口にした。センターに打球が飛ぶたびに放送席のモニターにはセンター熊田の笑顔が画面いっぱいに映る。

〝試合に出れないメンバーの分の笑顔は僕が創り出します！〟

電車で読んだ文章が頭に浮かんで涙があふれた。強いなぁ。すごいなぁ。

この日、センター熊田への打球は23回を数えた。8イニング全24個のアウトのうち、熊田は12個をアウトにした。

「ピッチャー陣には、コースにさえ投げてくれたら、外野まで飛ばされても俺に任せろって言ってたんです。だいたいどこに飛んでくるかわかりましたから」

天理はみごとなまでにコースに逆らわず引きつけてセンター返しのバッティングを貫いていた。熊田はその徹底されたバッティングとそのズバ抜けた技術を逆に利用し、大胆な守備位置で何度もチームを救っていた。ただやみくもに強い敵に向かっていったのではなく、しっかりと準備を整え、慣れないバッテリー陣を遠く離れた場所から動かしていたのだ。

しかし天理打線を封じ切ることはできなかった。3番手に登板した神田恭輔が4イニングを2失点と好リリーフしたものの、気づけば21－0と天理大量リードで最終回を迎えていた。マウンドにはエース南澤佑音《みなみざわゆうと》が再び上がる。

先頭の大西晴翔《おおにしはると》はショートゴロで倒れ、一死ランナーなし。この日、ショート、セカンド、キャッチャーと3つのポジションをこなし、チームを支えてきた野村拓は、高校最後の打席になるかもしれないこの瞬間に集中した。

「カキィーン！」

野村の放った打球は右中間へ。

「ぬけろー!!」

3塁側の想いが打球に乗る。センターのグラブをかすめた打球は外野手の間を抜けた。スリーベースヒットだ。野村が何度も何度もベンチにガッツポーズを作る。

この土壇場で出たスリーベースが野村にとってはこの夏初めてのヒットだった。

「すごいなぁ……」

解説席の三木さんが、隣にいる僕にしか聞こえない声でつぶやいた。しかし続く田副がピッチャーライナーでとうとうツーアウト。

ここで天理内野陣がマウンドに集まった。

3塁ランナーがいるが21－0の大量リードの場面、マウンドに集まる必要はない。

だがそれは違った。

「優勝が決まっても、マウンドに集まって喜ぶのはやめよう」

ショートを守っていた戸井零士キャプテンは集まった選手にそう伝えた。

みんなもその意図をすぐに察した。

試合前、生駒の状況を知った戸井は中村監督に、最後の瞬間にマウンドに集まって喜ぶのはやめたい意思を伝えていたそうだ。

最後の打者を空振り三振に打ち取り、21－0でゲームセット。

天理高校が甲子園出場を決めた。

それは僕が見た甲子園決定の瞬間、史上最も静かなものだった。

しかしスタンドからは両校への惜しみない拍手が鳴りやまない。

3塁側スタンドへの整列のあと、どんなときも笑顔だった熊田が泣き崩れた。

それは今日、試合に出られなかったメンバー全員の涙に見えた。

閉会式のあと、球場横の広場には最後まで戦い抜いた生駒高校野球部員が北野監督を囲んでいた。監督からの言葉はこうだった。

「3年生、今日はラストミーティングはせんとくな。お礼だけを伝えたい。ありがとう」

実は天理の中村監督が閉会式のあと、万全の生駒の3年生との再試合を提案してくれたのだ。

つなぐ心ひとつに。

生駒と天理の忘れられない夏はまだ終わらない。

上:決勝前、決意の円陣を組む生駒野球部員
下:奈良大会閉会式、準優勝旗を持つ熊田キャプテン

あの夏の再戦　後編

天理高校×生駒高校（奈良）

「野球って、やっぱ楽しいなぁって。あの試合がなければ、もう野球は続けてなかったと思います」

生駒の1番ショート飯田智規が言う。智弁学園との準決勝戦では3安打と活躍、夏の奈良大会において同校を史上初の決勝へと導いた。これで最後と決めて臨んだあの試合で彼は改めて野球の楽しさを知った。

やっぱり野球がやりたい。

2023年春からは、阪神大学野球リーグの甲南大学で硬式野球を続けることに決めた。

仙台育英が東北勢として初の全国制覇を成し遂げたあの夏の日から3週間ほど経った2022年9月11日、僕は奈良県橿原市にある佐藤薬品スタジアムへ向かっていた。

大阪上本町駅から電車に乗り、大和八木駅で橿原神宮前行きに乗り換える。駅構内の階段を降りたところにあるパン屋さんでカレーパンとミルクティーを買った。

「かみじょうさんですよね？　前から声かけようと思ってたんです。がんばってくださいね！」

女性店員さんの笑顔に癒やされる。息子さんが京都の高校で野球をやっていたそうだ。

「ありがとうございますっ！」

自然とこちらも笑顔になる。

橿原神宮前行きの電車に飛び乗り、なにげなくスマホを見ようとして、ハッとしてやめた。駅に着くなりカレーパンをほおばり、ミルクティーを飲む。

できるだけ〝あの日〟とは違う景色になるように努めた。

「生駒さんさえよければ、もう一度ベストメンバーで試合をしませんか？」

夏の決勝戦が終わったあと、天理高校の中村良二監督からの提案に生駒の北野定雄監督もありがたいことだと快諾した。秋季奈良大会期間中ではあったが、この日の夕方5時半から特別に7イニング制で、あの夏の再戦を行うこととなった。

あの夏の日に時間を戻すことはできない。

でもあの日、止まったままになった時間をもう一度動かすことはできる。

そしてそれには天理高校野球部員たちの力が必要だった。


「うおぉぉー、こぉぉーい!!」

球場に入ると試合前ノックが始まっていた。よく見ると生駒と天理の野球部員が一緒にノックを受けている。普段の公式戦ではありえない光景だ。

あの日、グラウンドに姿を見せられなかった生駒の3年生がひときわ大きな声を出している。そして負けじと天理がさらに大きな声をふり絞る。

両校の元気がぶつかり合い、球場のボルテージもますます上がっていく。

「すっげぇ……」

自然と笑みがこぼれる。

「俺、プロ野球選手になるから応援してくれよな」

生駒の飯田智規はショートで一緒にノックを受けていた天理の戸井零士から声をかけられた。

「身体も大きいし、最初はちょっと怖いんかなっ？　て思ったんですけど、むちゃくちゃ優しくて、絶対応援しよって思いました」

ショートのポジションに飯田智規が帰ってきた。

キャッチャーには篠田莉玖、ファーストには矢野郎志がいて、そしてマウンドにはエース北村晄太郎がいる。あの日、グラウンドに立てなかった生駒の野球部員たちが飛び切りの笑顔でノックを受けている。


「もう……ねっ、ありがたいです……」

生駒の保護者のつぶやく声が聴こえた。1塁側天理の応援スタンドには、

〝つなぐ心ひとつに〟

と書かれた横断幕がグラウンドを見つめている。

夏の決勝戦、天理が優勝の瞬間、生駒への思いからマウンドに集まり喜びを表現することを控えた。この横断幕は彼らの心づかいに感謝の思いを込め、生駒高校の保護者会が中心となり甲子園で戦う天理高校へ贈られたものだった。

天理のモットーである〝つなぐ〟と生駒の合い言葉〝心ひとつに〟を合わせた両チームの思いがつまった横断幕は天理のアルプススタンドに飾られた。

「最初は正直……」

夏の甲子園2回戦の海星戦では、横断幕のお返しに天理が生駒の3年生部員を甲子園のアルプススタンドへ招待した。篠田莉玖は複雑な気持ちで甲子園に到着していた。もしかしたらここに立っていたのは自分たちかもしれない。

悔しい。

その一方で、決勝戦で自分たちに敬意を表してくれたライバルを素直に応援できない自分はどうなの？　そんな気持ちで揺れていた。

「ノックが始まるまでは悔しい気持ちでした」

飯田も同じだった。

戦うことすらできず敗れた彼らの正直な気持ちなのだろう。

しかしいざ試合が始まれば、奈良県代表として戦う天理の選手たちに夢中になった。

かっこいいと思った。何も考えず全力で応援した。

そしてもう一度こいつらと全力で試合をしてみたいと思った。

「いぐぅぞぉぉー！　うぅぉーすっ！」

元気いっぱいに試合は始まった。

1回表、生駒の攻撃は1番の飯田が、天理の先発南澤からツーストライクと追い込まれるものの、外のスライダーを狙いすましたかのようにライト前へヒットを放つ。球場に割れんばかりの拍手がなりやまない。しかし後続が断たれ、逆にその裏、天理打線は生駒のエース北村から連打などでワンナウト1、2塁のチャンスを作り4番内藤大翔《やまと》を迎える。

僕にはひとつ心配があった。

8月中ごろまで甲子園で全国の強豪たちとしのぎを削っていた天理に対し、生駒のメンバーは7月末で野球が終わり、新型コロナの治療や9月の推薦入試組の勉強もあり、練習を始めたのは9月7日からであった。

ちょうどU－18日本代表に招集されていたセカンドの藤森がいなかったものの天理もオール3年生のベストメンバーで来る。下手をすればあの夏のようなワンサイドゲームが再び……。

〝ドスン！〟

キレ味鋭い縦の変化球にバットは空を切り、球審の右腕が大きく上がった。

天理の4番を三振に斬ってとった。

メガホンを叩く大音量で周りの声さえ聞こえない。そして5番山村のセンター前に抜けようかという打球はセカンド野村がスライディングキャッチ、倒れ込みながらセカンドベースの飯田へ送球しスリーアウト、初回を0点に抑えた。二遊間の飯田と野村がグラブタッチする。決勝戦、慣れないショートを必死で守った野村をねぎらう飯田の姿を見て、試合展開を気にした自分が恥ずかしくなった。

この再戦が行われたことに意味があったんだ。

僕たちはただ真剣勝負を見守るだけでよかった。

試合は3回に先制した天理が1－0と1点リードで終盤6回まで進む。

残すイニングもあと2つ。しかし、6回表生駒の攻撃もツーアウトランナーなし。1番の飯田に打順が回る。ツーボールナッシングからの3球目、外よりのボール球を引っ張り込んだ。

「ボール気味でしたけど、これ高校最後の打席かなぁって、フォアボールは嫌だったんです」

打球は三遊間を破りレフト前に転がった。ファーストベースで拳を握りしめ、アルプスタンドで感じた悔しさを溶かすかのように喜びを爆発させる。続く2番矢野が左バッターボックスへ入る。

「かみじょうさん、何か言うてあげてください」

あの決勝戦のあと、球場の外にいた僕に見知らぬ学生がスマホを手渡してきた。その画面にはコロナで自宅にいる矢野の姿があった。

〝うん……悔しいなぁ……〟

かける言葉が見つからない。

あのときなんて言えばよかったんだろう。ずっと考えても答えはわからなかった。でもいまの彼にならら心の底から言える。

「君ら、すごいよ！」


〝カキィーン〟

2ストライクと追い込まれた3球目を迷いなく振り抜いた。打球はライトの背中を越えた。1塁ランナーの飯田がホームインで同点、打った矢野は3塁まで進んだ。3塁側から届けられた祝福のメガホンの音に何度も拳を突き上げ答える彼の笑顔が忘れられない。

そしてここで3番キャプテンの熊田に打順が回った。

抱えきれない大きな責任をひとりで背負い、それでも笑顔で戦い続けた。

〝野球部でキャプテンやって僕が甲子園に連れていきます〟

入学試験の面接で彼は宣言したと言う。その夢は叶わなかったが、歴代で一番近づけたキャプテンになった。

〝キィーン！〟

打球は三遊間へ、サードのグラブをかすめショートの戸井零士がボールをつかむ。熊田は全力で1塁に走る。強肩の戸井がファーストへ投げた。

「セーフ‼」

ベースにつまずき派手に転げる熊田に大きな拍手が送られた。

3塁の矢野がホームイン！　6回表、2－1とついに生駒が天理を逆転する。

しかし、絶対に負けられない天理もその裏、先頭の4番内藤がレフトスタンドへ同点となる一発を浴びせる。

このホームランに天理の1塁側スタンドとベンチがおおいに盛り上がる。

すると生駒の3塁側スタンドとベンチからも大きな拍手が送られる。そしてダイヤモンドを回る内藤と生駒の内野手たちが次々とハイタッチをしていくではないか。

映画館でそういう作品を観ているんじゃないか？　と錯覚するくらいの強烈に温

かいシーンであった。

〝パァーーン〟

ホームインの瞬間、キャッチャー篠田と手と手を鳴らした。

そうなってよかったなんてことは決してない。

しかし、彼らに降りかかったあの夏の辛い経験がなければ、今日こんなに素晴らしい光景を目にすることもなかったのも事実だ。

試合はさらに1点を追加した天理が、3－2と1点リードで最終回を迎えた。そしてツーアウトランナーなしとなったところで、天理内野陣がマウンドに集まった。

「全員で集まって喜ぼう！」

戸井キャプテンは仲間に呼びかけた。あの日、喜びを控えた天理高校野球部員たちが心の底から喜びを爆発させるときが来た。初球を打った今中健太の打球がセンターのグラブにおさまるやいなや、天理の野球部員たちがマウンドに駆け寄ってきた。

人差し指を天高く突き立て、身体いっぱいに喜びを表現する。

そのときだった。

3塁側にいた生駒の野球部員たちもマウンドに向かって走ってきた。

歓喜の輪はあっという間に倍にふくれ上がり2つのユニフォームがひとつになっ

た。

球場からはこの日一番大きな拍手が届けられた。

「俺たちがマウンドに集まったら、お前らも来てくれ！」

最終回ツーアウトの場面、サードを守っていた天理の内藤が生駒のサードコーチャーに声をかけていた。

〝ありがとう〟

お互いが心の底から感じていたのではないだろうか。

試合後、球場横の広場では北野監督によるラストミーティングが行われた。3年生一人ひとりと握手をしながらていねいに声をかける北野監督の後ろ姿に、思わず涙がこぼれた。

「最後全員で笑って野球を終えることができてほんまによかったです。人生で一番楽しい試合でした！」

熊田颯馬がにっこり笑った。これまでで一番素敵な笑顔で。

上:ゲームセットの瞬間、マウンドに集まる天理と生駒の野球部員たち
下:試合後に天理側からウイニングボール(ルージングボール?)を渡される熊田キャプテン

約束のファーストミット

仙台育英高校（宮城）・岡田大成選手

２０２０年の９月初旬、僕は知り合いのライター柳川悠二氏と仙台育英学園を訪れていた。

甲子園大会が中止となった夏に出版された『二度消えた甲子園』に衝撃を受けた。

全国の高校球児が子供のころからの夢を奪われた２０２０年、その苦難を仙台育英学園硬式野球部がどう乗り越えていったのかを描いた１冊だ。

選手たちをどう導くべきなのか？　苦境に立たされるなかで、「高校野球を完結させる」をテーマに、選手ファーストを貫く著者の須《す》江《え》航《わたる》監督の姿に心を揺さぶられた。

どうしてもこの監督に会ってみたい。そんな気持ちが僕を仙台へと導いた。

「遠路はるばるお越しいただきありがとうございます。はじめまして須江航です。お疲れになったんじゃないですか？」

会いたかったその人が目の前に現れた。なにげない言葉にも包み込むようなあたたかい空気が漂う。監督をはさんで奥には立派な専用球場が見えた。

「センターのフェンスまで１２５メートルって甲子園より広いんですか⁉」

「すごいでしょ？　でも佐々木朗希くんにはここで一発くらいましたよ」

「すげぇ〜」

　監督室に案内してもらった。壁に飾られた西巻賢二《にしまきけんじ》や上林誠知《うえばやしせいじ》、佐藤世那《せな》など卒業生の日本代表ユニフォームをニヤニヤしながら眺めていた。

　すると思い出したかのように須江氏が口を開いた。

「実はかみじょうさんに紹介したい子がいるんですよ」

　そう言うとニコッと笑って監督室の受話器を上げた。

「岡田いる？　監督室まで来るように伝えて」

「きっと驚くと思いますよ」

「えっ、何ですか？？？」

　しばらくすると、

「失礼します！」

　スラッと背の高いクリクリ坊主が監督室に入ってきた。

「はい、かみじょうさんに自己紹介しましょう！」

「あっ、はい、仙台育英学園硬式野球部1年生、岡田大成《たいせい》です。よろしくお願いいたします」

「違うでしょ？」

「えぇぇ……はい、あのぉ……」

「君はどこ出身だった？」

「あっ、はい、仙台育英学園硬式野球部1年生、岡田大成です。出身中学は北淡《ほくだん》中学校です」

「えぇぇぇ！　北淡って、淡路島《あわじしま》の？」

「はい！」

驚かされた。僕の生まれた育った隣町の中学校だ。

「北淡のどこ？」

「育波《いくは》です」

「北淡ビーバーズ？」

「北淡ビーバーズです」

「お腹痛くなったら？　大橋先生？」

「大橋先生です」

僕らのころから強かった少年野球チームに所属、子供のころ通った町医者は同じだった。そして何よりも驚いたのが……。

「あと、うちのお母さんがかみじょうさんと中学校で同じクラスやった言うてました」

はっ……？

「えっ？　お母さんと俺が？　旧姓は？」

「田平です」

「えぇぇぇぇ！！！？　田平晋子ちゃんの息子？？？」

「はい」

中学、高校と6年間同じ学校に通った友達の息子だった。

「あのお母さんが、かみじょうさんの同級生だったの？（笑）」

さすがにその事実は知らなかった須江氏も驚いた様子だった。

「とにかく応援するわ！　がんばれよっ」

「ありがとうございます！」

うれしかった半面、甲子園常連校である強豪仙台育英で、淡路島からやってきた中学校の軟式野球部員がついていけるのかが心配だった。

「答えられる範囲でいいのですが、彼がこの先一度でも、この学校で背番号をもらえる可能性ってあるんでしょうか？」

「えっ？　いま背番号7番でレギュラーですよ」

「えええぇぇ！！！？」


翌日、大阪に帰ると、淡路島に住む母親から久しぶりに連絡があった。

「あんた、岡田くんと会ったらしいな？　ちゃんと応援したりやぁ」

実家の近所にある温泉施設で晋子ちゃんとバッタリ会ったらしく、息子から連絡をもらった彼女から一部始終を聞いたようだ。

「お父さんも岡田さんにはお世話になったんやから」

岡田という名字にはまだ慣れないが、そもそも彼女が勤める病院にうちの親父が入院していた時期があり、長い間お世話になっていた。そう考えると彼女とは縁があるのかもしれない。

「あんたの、連絡先教えといたで」

田舎のすべてのスピードに驚きつつも、甲子園を目指す同級生の息子を一緒に応援できる喜びで胸が高鳴った。

仙台育英はその後に行われた秋の宮城大会と東北大会で優勝、年が明けた1月末、みごとに第93回選抜高校野球大会へ出場が決定した。

「雑誌に載ったよぉー」

晋子ちゃんから連絡が来た。

この時期発売されるセンバツ高校野球関連の雑誌には出場校の選手の顔写真とその選手の細かいデータが掲載されている。

「背番号7、岡田大成。身長184センチ体重83キロ。好きなプロ野球選手は近本光司、将来の夢は一流のプロ野球選手」

そう書いてあった。ニックネームが〝淡路島〟には吹き出しそうになったが、好きな芸能人が「かみじょうたけし」には思わず吹き出した。

しかし、センバツ開幕まで10日を切った3月11日、彼女からの連絡に声を失う。

「こんばんは。大成はメンバー外れました。残念だけどこの悔しい気持ちをバネにまたがんばってくれると思うので応援よろしくお願いします」

大会直前、得意とするバッティングの調子が思うように上がらなかった。聞けばそもそも腰に古傷を抱えており、秋にメンバー入りしていたのも奇跡的だったという。

事情もわからずはしゃいでいた僕に連絡するのはとても気をつかったんじゃないか？

あぁ……自分が恥ずかしくなった。

「ずっと応援してるから」

そう伝えて、甲子園で会う約束をした。

第93回選抜高校野球大会は3月19日に開幕、仙台育英は開幕日の第2試合で明徳義塾と対戦した。

「久しぶりやな」

「うん」

「15年くらい前、地元のお祭りで会ったよな？　あのとき抱いとった赤ちゃんが大成？」

「そうかも」

「大成は？」

「アルプススタンドでチアリーダーの近く狙ってそう（笑）」

久しぶりの再会とは思えないほど、晋子ちゃんとの会話は自然とはずんだ。田舎の同級生は甲子園出場校の生徒の保護者になっていた。
仙台育英はこの大会ベスト8まで勝ち進んだ。もしメンバーに入っていたらどうだっただろう？　不思議とそんな思考にはならなかった。大成の高校野球がいままさに始まった気がしたからかもしれない。

センバツが終わるとあっという間に夏がやってきた。大成は再びメンバーに入ることができた。しかし圧倒的優勝候補として臨んだ夏の宮城大会、4回戦で仙台商業に敗れてしまう。改めてチームが掲げるスローガン「日本一からの招待」という意味を考えさせられた。

始まったばかりだと思っていた高校野球もあっという間に最終学年を迎える。新チーム最初の公式戦である秋季宮城大会では、大成はすべての試合に3番ファーストで出場した。初戦の角田戦では3打数3安打の活躍、東北との決勝でも3打数2安打1打点と貢献、チームを優勝に導いた。しかし続く秋季東北大会、花巻東との準々決勝で敗れたため、翌年のセンバツの切符をつかむことはできなかった。
「全員で選手として勝負させてください」

日本一厳しいと言われるレギュラー争いを戦い続けるなか、部員のなかからマネージャーを出さなければならない時期がやってくる。

マネージャーとは、すなわち選手として戦うことの終わりを意味する。それはどんなに辛い練習よりも辛い現実を受けとめる瞬間でもある。しかし大成の学年からはマネージャーを出さないと決めた。それは仙台育英野球部史上初めての出来事だったという。みんなで選手として最後の最後までレギュラー争いをすると決めた。

「背番号は約束できないが、最高の仲間ができることは約束します」

入学のとき須江監督が野球部員に贈ったこの言葉の意味を、全員で考えたうえでの結論だったのかもしれない。


あっという間の2年半、岡田大成にとって高校最後の夏がやってきた。

夏の宮城大会では背番号20をもらった。

1年生で初めてもらった背番号7からはずいぶんと大きな数字に変わってしまった。しかし、変わったのは背番号だけではない。チームの朝練が7時から行われるなら、まだ誰もいない6時から筋トレやストレッチで準備した。

誰よりも泥臭く喰らいついた。誰よりも必死に声を出した。

野球への取り組み方がガラッと変わった。
1年生でひとケタ背番号をもらったころよりも確実にたくましい野球人となってい
た。センバツ直前でメンバーから外されたあの悔しさはもう味わいたくない。
そして東北の地での挑戦をずっと支えてくれた両親にも応えたい。
とにかく自分にはもう負けたくなかった。

初戦の柴田には終盤の猛追を振り切り6－4で勝利。3回戦では、昨夏に甲子園の夢を断たれた仙台商業と対戦、11安打を放ち7－0と大勝するとその勢いのまま決勝でも2度のスクイズなどで投手戦を制し3－1で聖和学園に勝利、甲子園出場を決めた。大成は仙台商業と決勝の聖和学園との試合で代打出場した。

そして迎えた甲子園大会、仙台育英は古川翼、斎藤蓉《よう》、高橋煌稀《こうき》、仁田陽翔《にたはると》、湯田《ゆだ》統真《とうま》と5人の投手陣を巧みに使いこなし勝ち進んでいく。

明秀日立との3回戦を逆転で勝ち上がると、勢いそのままに決勝へ駆け上がった。

相手は大阪桐蔭を倒して勢いに乗る下関国際だ。

3－1と仙台育英が2点リードで迎えた7回裏、1点を加え、なおも一死満塁の場面、甲子園大会から初めてベンチ入りした背番号14番の岩崎生弥《いくや》が満塁ホームランを放ち、8－1とし、仙台育英が全国制覇を成し遂げた。

優勝の瞬間、喜びを爆発させる選手たちをバックネット裏から眺めながら、大成と出会った、あの秋の日のことを思い浮かべていた。

「メンバー外もメンバーと同じくらいの力があり、日本一のチーム内競争があるところです」

優勝選手インタビューで、チームの強さの理由を聞かれた佐藤悠斗キャプテンはそう答えた。なんだか身内がほめられたみたいな不思議な気分になったのを覚えている。

1塁側アルプススタンド付近で胴上げされる須江航監督を見ながら球場を出た。

ライトスタンドの真後ろにあるビート魂ショップにフラッと立ち寄る。マスターがデザインする甲子園の記念グッズやTシャツがカッコいい。息子にプレゼントするためのTシャツを買って店を出た。1塁側指定席を出たところ、アオダモの木が植樹されているちょっとした広場のベンチに腰かけ、決勝戦のコラムを書く。

もちろん彼の話を書いた。

いまどんなことを思っているだろう？

近くにいたならなんて声をかけるだろう？

照れくさいけど、答えは〝ありがとう〟だ。

〝大成、ありがとうなぁ〟って。

どれくらいそこにいただろう。閉会式の終了からすでに1時間以上は経過していたと思う。先ほどまでの熱気がウソのように周辺は閑散としていた。球場スタッフの片付けも終わろうとしていたそのとき、駅の方角からこちらに歩いてくる2人組が目に入った。

肩にかけた青×黄色のタオルが遠くからでも仙台育英の関係者だとわかる。だんだんと近づいてくる2人を、ただ祭りのあとの景色として眺めていた。

「かみじょうくん、お疲れさん」

声が聴こえてすぐだった。ぼんやりとしていた景色がはっきりとした。

こんなことがあるんだなぁ。

驚きを通り越して思わず笑みがこぼれた。

「お疲れやったな。お父ちゃんもお母ちゃんも」

「いままで応援ありがとう」

青×黄色のタオルを肩からかけた岡田夫妻も笑顔で応えてくれた。

「大成、最後までがんばったな」

「うん」

「しかし、あの岩崎くんの満塁ホームラン！　あれが勝負決めたよなぁ」

「うん、すごかった……ほんまにすごかった」

「実はな、大成がメンバー外れて、代わりにメンバー入りしたんが岩崎くんやねん。だから、岩崎くんが打ってくれてあの子も報われたと思うねん」

「えっ……」

声を失った。

「大成な、最後のメンバー決める紅白戦でな、3塁打を打ったんやて」

「すごいなぁ」

「岩崎くんはそのときもすんごいホームラン打ったの。でもな、あの子はその3塁打がいまできる最高のバッティングやったから、納得しとるんやて」

「そうやったんや……」

「あの子がそれでええって言うたらそれでええねん……それでええの」

そこまでやりきった大成も、そう言える母も、黙って支えた父も、みんなすごいと思った。

「一緒に写真撮ろうよ」

「うん」

「俺との写真はSNSでバンバン上げといてよ！」

「なんでやねん（笑）」

旦那さんがやさしかった。

「じゃ、帰るわ。いままで大成の応援ありがとう！」

「ありがとう」


２０２３年2月28日、岡田大成は仙台育英を卒業した。卒業後は天理大学でプロ野球選手を目指して野球を続けるそうだ。

大成と代わってメンバー入りした岩崎生弥は2年生の6月に運動誘発ぜんそくを発症、寮を出て自宅に帰るほどであった。ほかにも逆流性食道炎、ヘルニア、次から次に襲いかかる病にも立ち向かい、決して野球をあきらめなかった。

もう一度野球ができるようになったのは夏の大会直前、２０２２年6月だった。もちろん夏の宮城大会には間に合わなかったが、甲子園大会までの短い期間でみごとに背番号を勝ちとった。

「お前のグローブでファーストを守りたい」

「がんばってくれよ」

メンバー発表のあと、岩崎からかけられた言葉に大成も応えた。

「背番号は約束できないが、最高の仲間ができることは約束します」

入学のとき、須江航監督から贈られた言葉に嘘はなかった。

いや、彼ら一人ひとりのあきらめない姿がその言葉を真実にしたのだ。

左上:1年生秋の東北大会で活躍する
岡田大成
右上:地元淡路島のレストランNICEの
テラスで海を眺めながら
左:僕の同級生だった大成の母と、全国
制覇直後の甲子園で

土壇場で打つ

智弁和歌山高校（和歌山）・髙嶋奨哉選手

「ほめて伸びるタイプってどんな子かわかりますか？　答えは簡単なんです。ほめて伸びるタイプってねぇ……全員です。全員伸びます。ただ、ほめるだけで伸びた子は、９回ツーアウト満塁では打ちません。絶対に打たない。つまり土壇場に弱いんです」

ならば土壇場に強い子ってどんな子かわかりますか？

その昔、髙嶋仁《たかしまひとし》氏（元智弁和歌山野球部監督）が講演で話していた印象深い言葉だ。甲子園で68勝という歴代最多勝利監督であることはあまりにも有名だが35敗という負けの数も歴代2位である事実はあまり語られていない。

いまでこそ甲子園に出場すれば優勝候補に名前があがる名門にも、

「また負けに来たんかぁ？」

そんな心ないヤジが客席から飛び交う、勝てない時期もあった。

歴代監督のなかでも勝負の厳しさをもっとも知っているのも髙嶋監督なのかもしれない。何度となく壁にぶつかりながら、そのたびに悩み、苦しみ、それでも前に進み続けたその先で産み落とされた言葉たちには、長い時間をかけて完成するがゆえに不純物が削ぎ落とされていく天然氷のように一切のくもりがないように思えた。

2021年の6月初旬、僕は智弁和歌山グラウンドを訪れていた。

新チームになって迎えた2020年秋の和歌山大会新人戦、2次予選、直後に行われた近畿大会で立て続けに智弁和歌山は市立和歌山に敗れた。この年の市立和歌山と言えばエースの小園健太《こぞのけんた》(横浜DeNAベイスターズ)、キャッチャーの松川虎生《こう》(千葉ロッテマリーンズ)とドラフト史上初めての同一高校バッテリーが共にドラフト1位という快挙を成し遂げるすごいチームではあったが、智弁和歌山が和歌山県内の同じチームに3度負けるなんて僕の記憶にはない。

新型コロナウィルスの影響で甲子園大会が中止になった2020年を除き、6季連続の甲子園出場が途切れた瞬間でもあった。

「ごぉーい!!　ごぉいやぁ！」

もうどれくらい続いているだろうか、中谷仁《なかたにじん》監督の内野ノックをずっと見ている。

長い冬を越え、２０２１年春の和歌山大会決勝では4度目の対戦にして、ようやく市立和歌山を倒すことができた。

しかし、このグラウンドにその勝利をしがむものは誰ひとりいない。

なぜなら、間もなく始まる夏の和歌山大会でこそ倒さなければならない相手だからだ。髙嶋監督時代から続く6月の強化練習はいつにも増してただならぬ緊張感に満ちていた。

サードからショート、セカンドからファースト、そしてまたサードへ。

何度となく見てきた内野ノックだが、この日は様子が少し違った。

中谷監督のノックバットから放たれた打球はほぼサードへ向かった。１００球打ったならば70球はサードに飛んでいたと思う。

〝カァーン〟

「ハァ、ハァハァハァハァ」

「しんどいときに、しんどい顔するんやのぉー!!」

「ぐぉごぉぉーい！」

〝カァーン〟

「またお前のエラーで負けるんかぁあ！」

「うぁああああーい!!」

サードでノックを受けていたのは髙嶋奨哉《しょうや》、あの名将・髙嶋仁の孫である。新チームが始まった秋は控え選手だったが、3月の遠征で代打ホームランを放つなどの活躍で春にはレギュラーをつかんだ。

しかし控えには控えの、レギュラーにはレギュラーの苦悩がある。

〝お前のエラーで……〟

心あたりがあった。

僕がグラウンドを訪れる少し前の5月29日、智弁和歌山は春の近畿大会準決勝で大阪桐蔭と対戦した。

2－2の同点で迎えた9回裏大阪桐蔭の攻撃、先頭バッターが放った打球はボテボテのサードゴロ。サードを守っていた髙嶋は懸命にチャージ、少し状態を崩したままファーストへ投げるものの悪送球でランナーを2塁に進めてしまう。

結局その後、3番池田陵真《りょうま》が放ったレフトの頭を越えるサヨナラタイムリーで、智弁和歌山は敗れてしまう。

敗戦後すぐに6月の強化期間に突入したことで、選手たちの切り替えは早かった。しかし髙嶋本人は気持ちがついていかなかったという。

周りのみんなが手の皮がめくれるまで振り込んでも、守備のことが気になった。それゆえに意識が飛びそうな極限状態でも、その地獄のノックにも心の底から立ち向かえた。

「ごぉおおおあぁぁぁーい!!」

日常で人間が出す声ではない。

負けたくない気持ちがブルブルと伝わってくる。

本来はスマートにレギュラーをとってきれいにやるつもりだった。

しかし入学後の練習で先輩の黒川史陽《ふみや》（東北楽天ゴールデンイーグルス）、西川晋太郎（立教大学）、細川凌平（北海道日本ハムファイターズ）のレベルの高さに打ちのめされる。

自分が変わらなければ、このまま終わってしまう。

泥臭く、かっこ悪くてもがむしゃらに取り組むと決めた。

永遠に続くノックに彼の強さ、時折見せる弱さ、正直な髙嶋奨哉という「人間」が浮き上がってくる。

もう何時間経ったのだろうか？

魂のノックが終了した。

改めてここまでの経験を積むことができるこの場所を尊いと感じた。

バックネット裏に引き上げてきた中谷監督もフラフラである。

「中谷さんお疲れ様です」

「ハァハァ、かみじょうさぁん、ハァハァ、お疲れ、ハァ、様ですっ」

地獄のノックなんてよく言われるが、打つ側の地獄は想像を絶する。タオルでほとばしる汗をぬぐいながら、このあと僕が彼の話をすることなんてわかっていたかのように中谷監督はしゃべりはじめた。

「あいつ、すごいんですよぉ」

「えっ？」

「おじいちゃんが、とてつもなく……偉大じゃないですか？　いろいろ言う人もいますけど、あいつは実力でサードのレギュラー取りましたから。ほんまにすごいですよっ。だから彼の努力に僕も応えたいんですっ」

ニコッと笑った中谷監督は、その笑顔を僕だけに見せ、また引きしめた表情でグラウンドに戻っていった。

2021年7月9日、夏の和歌山大会が開幕した。

髙嶋奨哉にとって高校最後の夏である。智弁和歌山は初戦の箕島に8－2、続く星林には11－0と圧勝、準々決勝戦で初芝橋本と対戦した。

勢いそのままに勝ち進むかに思われたが、そう簡単にはいかない。序盤からヒットは出るものの相手のエース川端一正《かわばたいっせい》（2年生）のチェンジアップに手こずり、あと1本が出ない。逆に相手に1点を先制され6回裏にようやく同点、7回裏には逆転するものの9回表には追いつかれ延長戦へ突入、延長13回タイブレークまでもつれた試合は途中出場の小畑虎之介（1年生）のライトへの犠牲フライで智弁和歌山が辛くもサヨナラ勝利をおさめた。

「小畑がやってくれました。でも自分は……まったくダメでした」

髙嶋はこの試合でノーヒット。さらに自身と途中交代でサードに入った小畑が結果を残すかたちとなる。

焦りが焦りを呼んだ。

続く準決勝の和歌山東との試合も1打席目、2打席目ともに凡退した。

5回表裏が終わり、グラウンド整備に入ったところでトイレに入って心を整理した。

「このままじゃダメだ、どうすれば……」

ふと準決勝前におじいちゃんからもらった言葉を思い出した。

「打ちたい、打ちたいになっとる」

やることはやってきたはずなのに、気持ちだけが先走っていた。

自分が自分を信用しないで誰が信じてくれるんだ？　結果を出すのではなく、自分のやれることをやろう。

気持ちがスッと楽になった。

そして迎えた運命の第3打席、みごとに右中間へツーベースヒットを放った。

「よっしゃあ！」

その後、自らがホームを踏み、チームも勝利をつかんだ。

ついに迎えた決勝戦、相手はやはり市立和歌山であった。

公式戦ではここまで1勝3敗と負け越している難敵である。

試合前の朝は智弁和歌山グラウンドでエース小園健太対策として、マシンを170キロに設定して目を慣らした。しかし小園のストレートはマシンのそれを超える速さに感じた。5回表裏が終わり0－0、智弁和歌山打線がここまでわずか2安打と完全に抑えこまれる。しかし6回裏にチャンスが訪れる。この日、大活躍の2番大仲勝海《おおなかかつみ》は相手の悪送球で出塁、さらに2つのフォアボールなどでツーアウトながら満塁で髙嶋に打席が回った。

「初球から行けよっ」

バッターボックスに入る直前、ネクストの髙嶋にキャプテンの宮坂厚希《みやさかあつき》が声をかけた。おかげで空振りしたものの初球から自分のスイングができた。

小園にはここまですべてスライダーで打ち取られていた。

打ちたい打ちたいを抑えながら、そのスライダーを待った。

〝カキーン〟

スライダーをとらえた打球は0－0の均衡を破るレフト前へのタイムリーとなり、智弁和歌山が1点を先制した。

そしてその後も得点を重ね、迎えた最終回。

市立和歌山の攻撃もツーアウトランナーなし。

最後のバッターが引っ張った強烈なゴロはサードを守る髙嶋のもとへ。横っ飛びでつかみ、立ち上がりすばやく1塁に送球。1塁塁審の右手が大きく上がった。

ゲームセット。

智弁和歌山が宿敵、市立和歌山を4－1で倒し、甲子園出場を決めた。

＊

2021年8月10日、第103回全国高等学校野球選手権大会が開幕した。

新型コロナウイルス感染症の流行が続くなか、2年ぶりの大会開催は高校球児たちの夢をつないでくれた。

一般のお客さんは入場できなかったが出場チームの応援団（部員、保護者、学校関係者）が観戦できることは救いだった。

しかし何ごともなく大会が行われることを祈っていた球児たちの想いをよそに新型コロナの影が彼らに近づいてくる。

智弁和歌山と初戦を迎える予定だった宮崎商業と、2回戦に駒を進めていた東北学院が新型コロナ感染を受けて出場辞退となってしまう。

「言葉がないです……」

不戦勝となった中谷監督もかける言葉が見つからないと口をつぐんだ。

この聖地に集まった49の代表校はライバルでありながら、このコロナ禍を共に歯を食いしばり戦い抜いてきた仲間でもあったはずだ。智弁和歌山にとってもショックは大きいものだった。


さらにそれに加え今大会は天候にも悩まされた。

台風9号の影響で8月9日予定だった開幕日が10日になり、大会3日目からは3日連続の雨天順延など、大会6度の順延は過去最多記録となり、智弁和歌山が最初の試合ができたのは開幕日から14日後の8月24日であった。


「甲子園練習がなかったらと考えるとゾッとします」

初戦の2回戦が不戦勝だったため、3回戦を目の前にして、まだ試合をしていなかった智弁和歌山は、大会本部の配慮で3回戦前日の8月23日に30分間の甲子園練習を許された。

しかし髙嶋は守備練習でエラーを連発してしまう。

ノックの8割くらいがエラーだった。しかしそんな彼の努力を知っている仲間が声をかけてくれる。

「1年分エラーしたんちゃう？（笑）本番はもう大丈夫やろ！」

いつだってそうだった。苦しい練習を共に乗り越えた仲間がついている。

自分を信じてやれることをやろう。


完全に吹っ切れた髙嶋は初陣の高松商業戦で3打数2安打の大活躍でチームの勝利に貢献、続く石見智翠館《いわみちすいかん》との準々決勝戦では2回表にレフトスタンド中段に突きささるソロホームランを放ちチームも9－1と大勝した。

孫の活躍にマスク越しにもあふれだす髙嶋氏の笑顔が全国放送された。観ている高校野球ファンもホッと癒やされる映像だった。


勢いに乗る智弁和歌山は近江との準決勝戦にも勝利し、決勝は智弁和歌山vs智弁学園という、両校で監督経験のある髙嶋氏にとっては、たまらないカードとなった。

智弁学園は西村王雅《にしむらおうが》に小畠一心《おばたいっしん》という左右のダブルエース、1年生から4番を任されていた前川右京《まえがわうきょう》（阪神タイガース）にキャプテンの山下陽輔など、旧チームからのレギュラーを多数そろえ、大会前から優勝候補の呼び声も高かった。

しかし試合が始まると智弁和歌山打線が初回から先発西村に襲いかかる。

1番宮坂、2番大仲の連打でノーアウト1、3塁を作ると3番角井《かくい》翔一朗《しょういちろう》三振のあと、4番徳丸天晴《とくまるてんせい》のセンターへの犠牲フライで先制する。

5番岡西佑弥がライト前ヒットでつなぎ、6番渡部《わたべ》海《かい》の左中間へのタイムリーツーベースで2点目、そしてここで7番髙嶋がレフト前へ2点タイムリーを放ち4－0と智弁学園を引き離す。

2回裏には2点を返されるものの、6回に1点、7回にはツーアウト1塁からまたも髙嶋が左中間を破るタイムリーツーベースで6－2とさらにつき放す。

9回には渡部のソロホームランが飛び出し9－2、その裏を三者凡退で抑えた智弁和歌山が21年ぶり3度目の夏の全国制覇を成し遂げた。

「あんな優しい顔を見たのは初めてでした」

優勝決定の瞬間の中谷監督の表情に驚いたという。

さまざまな想いが駆け巡ったのは選手たちだけではなかったのだろう。

21年ぶり……。

1997年夏の甲子園、智弁和歌山vs平安の決勝戦を僕は球場で観戦している。

忘れられないシーンがある。

土壇場9回ツーアウト1、3塁の場面、打席に入ったのはこの日ノーヒットの4番中谷仁だった。ツーストライクと追い込まれながらもファールで粘り、最後はしぶとくライト前にダメ押しのタイムリーヒットを放ち、チームを全国制覇へと導いた。選手、監督両方での全国制覇は恩師である髙嶋仁氏ですら叶えられなかった大きな記録であった。


「ほめて伸びるタイプってどんな子かわかりますか？　答えは簡単なんです。ほめて伸びるタイプってねぇ……全員です。全員伸びます。ただ、ほめるだけで伸びた子は、9回ツーアウト満塁では打ちません。絶対に打たない。つまり土壇場に弱いんです」

ならば土壇場に強い子ってどんな子かわかりますか？

続きはこうだ。

「これでもかっ、てくらいに厳しい厳しい練習や叱咤にも、お前（髙嶋仁）になんか負けてたまるか！　って立ち向かってくる子です」

甲子園歴代最多勝利監督の後を継いだ中谷監督もまた「髙嶋仁」という名を背負い懸命に闘っている。

偉大な祖父を持つ髙嶋奨哉の葛藤を一番理解していたのも、中谷監督自身なのかもしれない。

髙嶋奨哉が決勝戦で放った2本のタイムリーヒットは、どちらも土壇場ツーアウトからであった。

負けてたまるか！　なぁ奨哉！

あの日の魂のノックを僕は忘れないだろう。

上:大好きなおじいちゃんとお正月に
キャッチボール
左:2死からチームを救うタイムリーを
放つ髙嶋奨哉

鳴りやまない大歓声

日本文理高校（新潟）・伊藤直輝選手

　2019年の6月、社会人野球チームのヤマハ硬式野球部に所属する伊藤直輝《いとうなおき》から電話があった。

「ユニフォームを脱ぐ決断をしました。高校時代から応援ありがとうございました」

　普段からひんぱんに連絡をとっているわけではない。そんな彼からの着信になんとなくそんな予感はした。

　日本文理から東北福祉大学、そしてヤマハと長きにわたり野球界の名門でプレーを続けた彼だからこそ、お世話になった大勢の方に引退の連絡を入れなければならないはずだ。それにもかかわらず、こんな僕にまで連絡をくれた、彼の律儀で誠実なところにグッときた。

「結局、会ったのは2回かな？」

「そうです……か、ね？」

はじめましては2017年の第43回社会人野球日本選手権大会が行われていた京セラドーム大阪。売店で買ったたくさんのビールを両手に抱え、スタンドに戻ろうとしていた彼とバッタリ出会った。

「えっ、伊藤くん⁉」

「うわぁああ！　かみじょうさん⁉」

「こんなとこで何してんの？」

「ちょっと今回はベンチ外れちゃいました」

「もしかして……俺らはじめましてやね？（笑）」

「はい、はじめまして伊藤直輝です。高校時代は応援ありがとうございました」

これが彼との初対面であった。

ヤマハは1年前の2016年、第42回社会人野球日本選手権大会でみごと初優勝。彼も大阪ガスとの準決勝戦で後半の4イニングを無失点に抑え、チームを優勝へと導いた。

今日は投げないのかなぁ？　ちょうどそんなことを考えていたところだった。

「また投げるとこ見せてや！」

「はい、引き続き応援よろしくお願いします」

2度目はすぐにやってきた。

初対面から約2ヶ月後の2017年の年末、NST新潟総合テレビの年末特番に呼ばれた。実は僕を新潟に呼んでくれたのが、学年は1つ下ながら伊藤直輝の代からショートを守っていた高橋隼之介《じゅんのすけ》。彼はその後、明治大学に進学し、高校、大学とキャプテンを務め、大手広告代理店に就職していた。

「このあと一緒にメシ行きませんか？」

番組が終わり、高橋くんが食事に誘ってくれた。連れていってくれたお店に入ると、伊藤直輝に当時のキャプテン中村大地や4番の吉田雅俊に代打の切り札石塚雅俊まで、あの伝説の日本文理メンバーがサプライズで集まってくれていた。

「応援ありがとうございました！」

立派に成長した彼らからかけてもらったその言葉がとてもうれしかった。

「自分たちは大阪の芸人さんがずっと応援してくれてたよって親から聞いていて、何年か前に『アメトーーク！』にかみじょうさんが出てきた瞬間にこの人‼ って（笑）」

「しかもかみじょうさん、『アメトーーク！』で伊藤のオヤジさんからもらったタオル出してくるし（笑）」

「あっ、伊藤のオヤジさんに電話しようぜっ！　なぁ？」

伊藤は少し照れながらも、僕をもてなそうと父親に電話をかけてくれた。

「久しぶりだなぁ、今日、特番見たぞぉ」

「ありがとうございますっ」

「あれから何年？」

「8年たちますねぇ」

「また、兄ちゃんと飲みたいな」

なつかしいおっちゃんの声が、あの夜の出来事を思い出させてくれた。

彼らを応援できたのも、「アメトーーク！」でタオルを披露できたのも、いま新潟にいる事実もすべては2009年のあの夜に始まった。


「野球関係の方がひんぱんに来るお店だから働いてみない？」

いまから15年くらい前、松竹芸能の先輩に誘われ、大阪ミナミ・宗右衛門町《そうえもんちょう》の飲み屋で働くことになった。

お店には元プロ野球選手や高校野球の監督、コーチ、有名スポーツメーカーの社員さんから高野連の方々まで、実際多くの関係者が訪れた。

「近畿はどこが強いの？」

「どうですかねぇ、秋は天理が優勝してましたけどＰＬ学園の中野投手もよさそうですよねぇ」

「かみじょうくんは明日、甲子園行くの？」

「行きますよっ」

その日は元高校球児の常連さん２人と始まったばかりの春のセンバツ大会の話題で盛り上がっていた。

「明日は清峰の試合あるやん！　今村ってむちゃくちゃいいんやろ？」

「今大会ナンバーワン右腕て言われてますね」

「相手は？」

「新潟の日本文理です」

カウンターの一番奥、お連れさんが帰ったあともひとり残って飲んでいたおっちゃんが突然声をかけてきた。

「兄ちゃん、文理のピッチャーはどんなヤツか知っとるか？」

「あぁ、伊藤のことですか？」

「知っとるんか!?　アイツはどうや？」

ほっぺを真っ赤にさせて、酔っ払っているわりには、僕たちの話をしっかり聴いていたことにもびっくりした。

「今村もええけど伊藤もめちゃくちゃええピッチャーやと思いますよっ」

その言葉を聞くやいなや、身体をむくっと起こしたおっちゃんは、真っ赤な顔面をニッコリさせた。

「兄ちゃん、グラス持ってこっち来い！　乾杯やぁ！」

突然ご機嫌になったおっちゃんに、ビールをつがれ、よくわからないまま乾杯。

いっきにビールを飲み干したおっちゃんは、ニッコリ笑ってこうつぶやいた。

「せがれなんですよ」

カウンターの一番奥、ひとりしっぽり飲んでいたおっちゃんは、なんと日本文理のエース伊藤直輝の父親だったのだ。嘘だろ……（笑）。

地元の新潟県関川村は山形県に隣接する豪雪地帯で、２００９年の冬は特に雪が多く、生活も大変だったらしい。

捕手の若林尚希も同じ関川村出身、小学校４年生から中学、高校とずっとバッテリーを組む関川村バッテリーに村はお祭り騒ぎなんだという。

「俺のほうが緊張しちゃってなぁ。酔えねーよ」

「いや、だいぶ酔ってますよっ」

「うるせぇー（笑）」

息子の話をしているときのおっちゃんは、とても幸せそうな顔をしていた。

楽しい時間はあっという間に過ぎ、次の日に甲子園で会う約束をしてその夜は別れた。

「おはようございますぅー」

「えっ……兄ちゃんホントに来たの？」

酒の席での軽い社交辞令くらいに考えていたおっちゃんは、3塁側アルプススタンドに現れた僕を見て、少し驚いた顔をしていた。

「勝ったらまた飲み行きましょうねっ」

そう伝えると、おっちゃんの少し後ろの席から応援することにした。

試合は序盤から日本文理が今大会ナンバーワン右腕の呼び声も高い今村猛《いまむらたける》をとらえ毎回のようにスコアリングポジションにランナーを進める。しかし、ランナーを背負ったあと、ギアを上げた今村を相手にあと1本が出ない。逆に清峰はチャンスを確実に得点につなげ、徐々にペースをつかんでいく。中盤以降は今村の奪三振ショーもあり、4－0で日本文理は敗れてしまった。
「悔しいけど、また夏だなっ」
「待ってます」

おっちゃんとの出会いから、あっという間に4ヶ月が過ぎ、球児たちの熱い夏がやってきた。第91回全国高等学校野球選手権大会の開幕である。

選抜初戦で日本文理を破った清峰は、その後みごとに全国優勝の快挙を成し遂げていた。しかし、夏の長崎大会では準々決勝で長崎日大に1－3で敗れ、甲子園に帰ってくることはできなかった。

一方、日本文理は今村猛から7安打を放ったものの完封負けという悔しい敗戦を経験。最後の夏に向け毎朝6時から打撃練習に明け暮れた。フルカウントの場面を想定し、甘い球はとらえ、それ以外は見逃すかファールにするという1球バッティングで打撃を磨いた。そしてこの夏、新潟大会全6試合で58得点を奪うチャンスに強い超攻撃型のチームとしてみごとに春夏連続で甲子園出場を決めていた。

開会式の前日、僕は阪神甲子園球場を訪れていた。開幕を前日に控えた現地の様子をレポートするためだ。

阪神高速の高架下を抜けたあたりで、球場前からいままさにオープニングを撮りはじめようとしたとき、突然後ろから身体を羽交いじめにされた。

「元気だったかぁあああ！」

突然のことに驚き、思わずしゃがみこんだ。見上げると、見覚えのある顔がニタニタと笑っている。アルプススタンドで別れて以来のおっちゃんではないか。

「ちょっとぉ!!」

「元気そうだなぁ（笑）」

「あんたは元気すぎるわ！」

3回戦までの組み合わせが決まっていた。対戦相手どうこうではなく、日本文理は2回勝てばベスト8という1試合少ないブロックに入ることができた。

「この夏も応援たのむわなっ」

「もちろん！」

日本文理は初戦の寒川高校（香川県）に4-3と逆転勝ちを収める。日本文理にとってこれが夏の初勝利であった。その後も勢いに乗り、3回戦の日本航空石川（石川県）、準々決勝の立正大淞南（島根県）に勝利。この2つの試合は大会史上初の2試合連続毎回安打を記録、ベスト4に進出する。

そして迎えた準決勝戦、相手はＰＬ学園、帝京の大会注目投手を攻略し、勝ち上がってきた県立岐阜商業だ。

正直、乱打戦での点の取り合いも予想していた。しかしここで伊藤直輝がベストピッチを見せる。得点圏にランナーを背負うことはあったものの、要所では切れ味鋭い変化球を駆使し、相手打線を11奪三振、１失点に抑え２－１で４試合連続の完投勝利を上げた。

ついに日本文理は新潟県勢初の決勝戦へとコマを進めた。

決勝戦直前の１塁側アルプススタンドには新潟県勢初の全国制覇を見届けようと多くの高校野球ファンが集まっていた。おっちゃんと出会ってなくても甲子園の決勝戦は観にきたと思う。

でもこうして１塁側アルプススタンドで伊藤直輝を、この日本文理の野球部員をここまでの思いで見つめることはなかったはずだ。超満員のスタンドを見つめながらそんなことを考えていた。

「来ましたねぇ」

「ウソみたいだなっ」

それだけ言うと、僕は1塁側アルプススタンドの最上段に移動した。

この夏、日本文理の試合はすべてアルプススタンド、おっちゃんが座る少し上の席から観戦した。試合前におっちゃんや保護者としゃべることはあっても、保護者席からは離れる。それは僕のなかでのルールだった。

3塁側に陣取る中京大中京は大会前から優勝候補との呼び声も高く、エースで4番の堂林翔太（広島東洋カープ）を中心に、直前の準決勝では優勝候補の花巻東から4本塁打11得点と強力打線に勢いがあった。

試合はいきなり動きだす。初回に堂林翔太の2ランで中京大中京が先制。しかし日本文理も2回に吉田雅俊と高橋義人の連続2塁打で1点、続く3回には高橋隼之介のホームランで2－2の同点とした。なんとか追いつきはしたものの、中京大中京の猛攻を耐えしのぶといった時間が続く。ここまで全4試合完投の伊藤の疲れは明らかだった。

6回表、日本文理はノーアウトからヒットと死球でランナーを2人出しチャンスを広げる。中京大中京はここで堂林から2年生の森本隼平《じゅんぺい》へ継投、このピンチをみごと無失点で切り抜け、チームに流れをもたらす。

すると6回裏に中京大中京打線が爆発する。ツーアウト満塁から堂林のレフト前タイムリー、柴田悠介の走者一掃のレフトオーバーなどで一挙6得点、8－2と大量リードを奪う。ここからお互い2点ずつを取り合い10－4で日本文理の最終回の攻撃を迎えた。

10－4と中京大中京に6点リードされた日本文理。

9回表からはライトに回っていたエース堂林が再びマウンドに上がっていた。先頭の8番若林尚希は三振、続くキャプテン中村大地がショートゴロ。簡単にツーアウトランナーなしとなっていた。

「阪神電車、混むからなぁ」

近くに座っていたおじさんがそうつぶやいて席を立った。おじさんにつられ、何人かのお客さんが甲子園をあとにする。

1番バッターの切手孝太《きってこうた》が打席に入った。ずっと応援してきた彼らの最後の瞬間を見逃さぬよう集中した。

ボール、ストライク、ボール、ストライク、ボール……。

切手はフルカウントからの変化球を見極めて1塁へ歩いた。

「えっ……」

僕はある違和感を覚えた。

なぜ振らない……。

おそらくは甲子園最後の打席になる。苦しい練習を乗り越えてつかんだ聖地での最後の打席、フルスイングを刻み込みたいはずだ。しかし彼は一度たりともバットを振らず四球を選んだ。

いや違う。

最後の打席なんて誰が決めた？

後ろの仲間に託したんじゃないか？

きっと彼はまだ勝負をあきらめていない。

僕自身、胸の底から熱いものがあふれてくるのがわかった。

2番高橋隼之介はこの日すでに3安打と大当たり、さすがに堂林も投げにくそうにしている。ツーストライクと追い込むもワイルドピッチで切手は2塁へ、ファールで粘ってフルカウントからの9球目をコンパクトに振り抜くと鋭い打球は左中間を破りタイムリー2塁打となる。続く武石光司もファールで粘り7球目をライト線にタイムリー3塁打を放ち10－6の4点差とする。連打で2点は返したが、日本文理が追い詰められていることには変わりはない。

そして……、

〝カキーン〟

4番吉田雅俊の打球は無情にも3塁側ファールゾーンへ高々と上がった。

万事休す。でもよくここまで粘った。カッコよかったぞっ。

いろんな感情が湧き起こる。

しかし……、

〝ポーン〟

3塁手の後ろでボールが大きく跳ね上がった。

何が起こったのかわからなかった。一瞬の静けさのあと、1塁側アルプススタンドに大歓声が湧き起こった。どうやら三塁手の河合完治がボールを見失ってしまったみたいだ。

こんなことがあるのか？

信じられない展開に動揺を隠せない堂林投手は直後に死球を与えてしまいマウンドを降りた。再びマウンドに上がった森本も5番高橋義人にファールで粘られ四球を与えてしまった。ツーアウト満塁で伊藤直輝に打席が回った。

「いっ、とおぉ！　いっ、とおぉ！　いっ、とおぉ！　いっ、とおぉ！」

この夏の甲子園、ここまですべてひとりで投げ抜いてきた彼が決着をつけるなら誰もが納得する。

そんな彼への想いが、1塁側アルプススタンドから徐々に沸き起こり、たちまち球場全体へと広がった。

もう30年以上甲子園球場に足を運んできたが、これを超える大歓声はいまだに聞いたことがない。

〝カキィーン〟

伊藤が放った鋭い打球は三遊間を抜ける。3塁ランナーに続き2塁ランナーもホームを狙った。クロスプレー、砂ぼこりで見えない。球審の手は横に何度も伸びた。

大歓声が鳴りやまない。伊藤直輝のタイムリーで10－8と2点差になった。そしてランナー1、2塁として代打の切り札、石塚雅俊がバッターボックスへ入る。初球のゆるいカーブを鋭く振り抜くと、打球はレフト前へ！

「うわぁあああああああ！！！」

2塁ランナーがホームイン。とうとう10－9の1点差となる。サードランナーの伊藤が帰ればたちまち同点。ふと僕の周りの空席が目に入った。近くに座っていたおじさんはいまごろ、さほど混んでいない阪神電車でどのあたりを走っているんだろう。

甲子園はとんでもない空気に包まれていた。

バッターボックスには若林が入った。

視線の先には幼なじみの伊藤がいる。

1塁側アルプススタンドからふたりを見つめていた。

〝カキィーン！〟

気づけばアルプススタンドの階段を駆け降りていた。おっちゃんは僕の顔を見るなり、僕の右手を両の手で強く握りしめ、息を吐くようにつぶやいた。

「ありがとうなっ。お前……ずっと、ありがとうなっ。ありがとうなっ」

おっちゃんが涙する姿を見てはいけない気がした。

僕はおっちゃんを強く抱きしめた。

サードライナー。若林が放った鋭い打球はサードを守る河合完治のグラブに収まった。中京大中京が10－9で日本文理を破り43年ぶり7度目の全国制覇を成し遂げた瞬間だった。

＊

「これからはヤマハでマネージャーとしてチームを支えていこうと思います」

「そうかぁ、長い間お疲れ様でした。これからの伊藤くんもずっと応援するからねっ」

「ありがとうございます」

夏が来るたびに思い出す、あの1塁側アルプススタンドの匂い。

彼らがくれた奇跡の夏を僕はこれからも忘れないだろう。

上：その後、日本代表でチームメイトとなる伊藤直輝（左）と堂林翔太（右）
左：伝説の日本文理メンバーたちと

野球の神様がいた日

龍谷大学（京都）・中島健希選手

2022年10月16日、滋賀県にある皇子山《おうじやま》球場では関西六大学野球秋季リーグ戦最終節、龍谷大学vs大阪商業大学の試合が行われようとしていた。

JR京都駅から2駅、湖西《こせい》線の大津京駅で降りると球場までは徒歩5分くらいだろうか。いつもは自然と足早になり前を歩く人を次々追い抜いていく。

しかしその日は、足取りが重いわけではないものの、刻一刻と迫る終わりのときへの抵抗なのか、そんなことをしても意味はないことはわかりつつも、いつもより明らかにゆっくりと球場に向かう。

なんとなく子供のころに通った歯医者さんを思い出した。

今日で彼の大学野球を観戦するのは最後となるのだ。

ただ正確に言えば彼の大学野球を観戦したことはない。なぜならこれまで公式戦において一度もベンチ入りすらしたことがないからである。

「かみじょうさん、はじめまして！　龍谷大学硬式野球部の中島健希《たけき》といいます」

2019年5月のゴールデンウィーク、龍谷大学と京都産業大学との伝統の一戦「龍産戦」が行われる、わかさスタジアムを訪れていた僕に声をかけてくれたのが当時1年生だった中島健希であった。

「覚えてないと思いますが、実ははじめましてではなく……」

彼が言うには中学生のときに甲子園からの帰り道、阪神電車で僕を見かけて声をかけてくれたらしい。

「そのとき、電車でどんな話したか覚えてる？」

「中学のチームは？　って聞かれたので、交野シニアでやってました。とか……」

「えっ、覚えてるぞ。寝屋川のチームの子とふたりでいなかったか？」

「はい、そうですっ！」

野球に関する記憶力はかなりいいほうだと思う。出会った全員を覚えているわけではないが、覚えている場合は必ずと言っていいくらいその日の景色が脳に写真で入っている。

阪神甲子園駅から梅田方面に向かう電車、進行方面に向かって左側の座席に座っている2人の写真が思い浮かんだ。電車で声をかけてくれた少年が、数年後に僕の出身大学の後輩となって現れてくれた。つくづく野球がつなぐ縁に驚かされる。

「ではまた応援よろしくお願いいたします！　失礼します！」

これから始まる大学野球への希望と自分への期待なのか、自信に満ちあふれた表情がたのもしいと感じた。

しかし龍谷大学といえば関西六大学野球連盟に所属する、関西においてはなかなかの強豪大学である。甲子園出場経験者もゴロゴロ入学してくる。試合に出場するどころかベンチ入りメンバーに入るのも簡単なことではない。

龍谷大学硬式野球部は学年関係なく、A、B、Cに分かれているらしく、彼は2年生の夏まではずっとCチームにいたらしい。それでも腐ることなく絶対にみんなより練習して試合に出るんだという思いで毎日を過ごしていたという。

そして2年生の夏にBチームに上がり、Bの副キャプテン、秋のリーグ戦が終わったあたりからBチームのキャプテンを任されるようになる。

「声であったり、練習の合間の行動や、全力疾走など野球のプレー以外の面で一番になるのは簡単なことなんで、そこで一番になることは常に意識して生活してました」

首脳陣もそんな彼の姿勢を評価していたのかもしれない。

その後もミーティングでは積極的に発言したり、毎日取り組んだ自主練では最後までグラウンドに残るなど、野球のプレー以外の部分では必ず一番になると決めて行動し続けた。

3年生の夏にはチームの副キャプテンに任命される。しかしこれまでベンチ入りどころか一度も試合に出たことのない選手が、部の副キャプテンになることへの反発なのか、自分の言葉をまともに聞いてくれない部員も多数いた。

そんな最中、4年生になる直前、決断のときがやってくる。

最終学年がやってくるということは、それぞれ自分のこれからを決めなくてはならない。たとえバリバリのレギュラーであっても就職活動に専念するため4年の春で野球部を引退することは珍しくない。ちなみに29人いたこの代も4年秋まで野球を続けたのはたったの4人であった。そして彼はその4人のうちの1人となる。

「どんなことがあっても途中でやめることはしない。入部したときからそう決めていたので」

そのときがやってきたから決断したのではなかった。

最初から決めていたのだ。

1年生の5月に声をかけてくれたあのときの自信に満ちあふれた表情は自分への期待というような不確かなものじゃなく、最後までやると決めていた男の覚悟だったのかもしれない。

小さいころは電車が大好きな子供だった。

野球を始めるまでは毎週土日になるとお父さんに頼んで、いろんな電車に乗った。特に好きだったのがJRの新快速だった。大阪の自宅から京都へ行ったり、西明石まで行ったり、先頭車両に乗り込み、車窓から見える景色をずっと見ていた。野球と出会うまでは新幹線の運転手になることが夢だった。

あのころに思い描いた夢をもう一度追いかけてみよう。

就職先に決めたのは鉄道会社だった。大学での面接から始まり、鉄道会社の面接、適性検査などすべてを合わせると7度の試験をくぐり抜けた。

4月28日、僕は彼から「内定をいただけました」という連絡をもらう。うれしかったという気持ちと同じくらい彼の努力に頭が下がった。

4年生の春になり、念願のAチームに上がることができた。しかしAの全員がベンチ入りできるわけではない、という厳しい競争は続いていた。

「かみじょうさん、おはようございます。今回もメンバー入れませんでした……」

「そうかぁ。またやなっ」

そんな会話を何度球場でくり返しただろう。


気づけば季節は最後の秋を迎えていた。

「すみません、また僕、スタンドにいます」

大学最後のリーグ戦を迎えてもベンチ入りは叶わなかった。練習試合では毎試合ヒットを打った。

ここで打てばベンチ入りだと言われた打席でも結果を残した。それでもベンチ入りは叶わなかった。

「納得いかないですっ」

スターティングメンバーを見れば、生きのいい下級生が中心。

来季を見すえていることはチームの事情を知らない僕にも伝わってきた。

だけどそれ以上に彼が納得いかない理由も痛いほどわかる。

紅白戦では3ランホームランも打ってみせた。これで野球を終えようとしている学生の打球がそんなに飛ぶわけがない。

ただ続けたのではない。最後の最後まで生活を律し、試合に出るためにやり続けたんだ。今日もおそらくまたスタンドで顔を合わせることになるだろう。

でもそんなことはどうだっていい。

〝お疲れさんやったな。すごかったぞっ〟

彼にそう言ってあげたかった。


「エドポロくん？」

「あっ、はい、はじめまして」

初対面にもかかわらず人なつっこい笑顔で答えてくれた、エドポロ・ケインくんは大阪学院大学硬式野球部の1年生である。球場へ入るため入場券売り場へ向かう途中でばったり遭遇した。

「このあと経大とやろ？」

「はい！」

「熱闘甲子園見てたでぇ。今日もスタメンか？」

「ありがとうございます。はい、おそらくセンターで出ると思います！」

「1年生やのにすごいなぁ」

「まだまだ、全然ですっ」

1年前の夏の甲子園で日本航空（山梨）をベスト16まで押し上げた、この世代屈指のスラッガーであった。中学までは大阪で育ったこともあり、ガーナ人の父と韓国人の母から生まれた国際色豊かな彼の母国語はコテコテの関西弁。

バットが金属から木製に変わり、レベルも格段に上がる大学野球で1年生からレギュラーでバリバリやる選手が現れるのも事実だ。そんな選手たちを毎年のように目の当たりにする現実にも中島は耐えてきたんだ。

気づけば試合開始直前になっていた。

急いで球場に入り、バックネット裏やや1塁側の席に腰をかけた。僕の場所からは30メートルくらいだろうか、1塁側スタンドには制服姿の龍大野球部が陣取っている。いつもならスタンドに座るとどこからともなく彼があいさつに来てくれるのが当たり前になっていた。

しかしその日は周りを見渡したが、姿は見えなかった。

球場に響く「君が代」が流れ終わると、審判の号令で両軍がベンチから飛び出してきた。一礼のあと、1塁側ベンチへ戻る部員のなかに彼を見つけた。

「中島くんやぁ!!」

思わず声に出た。あいさつになんか来るはずがない。

彼はベンチ入りしていた。

ピンストライプのユニフォーム。いつもの制服姿とは違う野球選手「中島健希」を初めて拝むことができた。

「よかったなぁ……」

スターティングメンバーには入っていなかったが、そんなことではなく大学生活最後の最後につかみとったベンチ入りに心の震えが止まらない。


試合は序盤から大阪商業大学が圧倒、3回表に6本のヒットを重ね5点を先制。

その後も得点を重ね、7回終わって10－0。とんでもないワンサイドゲームとなる。

さらに8回表には２０２４年度のドラフトの目玉となるであろう４番の渡部聖弥《わたなべせいや》に、リーグ新記録となる5本目のソロホームランが生まれる。

11－0で迎えた8回裏、先頭の池田、続く島口が連続四球、続く内倉一冴《うちくらかずさ》がショートライナーでワンナウト1、2塁の場面でアナウンスが流れる。

「バッター、西尾くんに代わりまして中島くん、興国高校、背番号34」

えっ……来たぁ！　中島くん!!

ひいき目抜きに、その日一番の声援が球場を包んだ。

左バッターボックスに入る中島健希。

そうか彼は左バッターだったんだ。

これまでどの選手よりもたくさん話をしたし、どの選手よりも彼のことを知っていると思い込んでいた。何も知らなかったんだ。

制服よりもユニフォームが似合うことやグリップの部分を揺らしながらタイミングを測ること、そして何よりもこんなにもたくさんの人たちが中島健希を応援していたことも。

結果なんてどうだっていい。ただできることなら、この一打席に「中島健希」の生き様をぶつけてほしいと思った。

初球、外角の微妙なコースをしっかり見逃し、ワンボール。初球からバットは出さなかった。落ち着いているのか手が出なかったのかはわからなかったが、次の球も見送った。これでワンボールワンストライク。

とにかく一度スイングしといたほうがいいんじゃないか？　そんな素人の心配をよそに、3球目、見逃せばボールでは？　と思われるやや高めの球をしっかりタイミングを合わせた。

〝カーン〟

スタジアムが静まり返る。打球はセンターの前に落ちた。

「うわぁあああああ‼　うわぁあああああああ‼　うわぁああああああああああ！！！」

先ほどの一番の大歓声を上回る大歓声が球場を包んだ。みごとなセンター前ヒットだった。

ベンチ、スタンドの部員も拳を上げ、中島くんのリーグ戦初打席初安打を祝福する。

ファーストベースで軽く手を上げて応える彼に、球場からは大きな拍手が贈られ続けた。


試合後に球場の外にいた彼に駆け寄った。

「野球の神様はいたなっ」

「はい！」

その日、彼が見せてくれたあの笑顔を僕はずっと忘れないだろう。

上:リーグ戦、初打席初安打で喜びがあふれるガッツポーズ
下:公式戦唯一のヒットを見届けて試合後に皇子山球場にて

未来沖縄を甲子園に連れていく男

未来高校沖縄(沖縄)・宮良颯選手

２０１６年６月28日と29日の２日間、プロ野球パ・リーグ公式戦が54年ぶりに沖縄で開催されることがわかった。

オリックス・バファローズvs東北楽天ゴールデンイーグルスの一戦だ。

楽天ファンの僕としては見逃すわけにはいかない。さっそく沖縄行きを決めた。

「ちょっと沖縄に野球観にいってくるわ」

「えっ、なんでひとりだけで沖縄行くん？」

「あっ……」

急きょ、家族３人の沖縄旅行に変更となった。みんなで沖縄のきれいな海で遊んで、買い物もした。そしてメインイベントは野球観戦だと僕は勝手に考えてしまっていた。

しかし、ここに来て僕ひとりでの観戦で、この旅がだいなしにならないか？

さまざまな思いを巡らせながらいったんホテルに戻った。

部屋に入るなり、ベッドに横になる奥さんと息子。

「ママ、眠い」

「そやな、ちょっと寝よかぁ」

よくないことが起きようとしている。何のためにここに来たんだ？

あかん、こんなに楽しい旅行でウソついたらあかん。勇気を振りしぼる。

「俺、先に野球行っといてもいいかな」

「うん。先行っといてくれへん？　ちょっと休んでから行くわ」

「わかったぁ。ごめんな！」

案ずるよりもなんとやら、よく言ったものだ。なんの心配もなかった。

大きなカバンから、自分の観戦グッズだけを小さなリュックに詰め替える。少し残念そうに努めてゆっくりと荷造りする自分の白々しさがちょっとかわいかった。

部屋の扉を出るやいなや小走りでホテルを出た。

タクシーを捕まえ球場を目指す。

部屋のドアを締めて15分くらいでセルラースタジアムに到着、急いでバックネット裏の席に向かった。球場には大勢の野球ファンが訪れている。

「かみじょう遅かったな」

一緒に観戦予定だった野球仲間と合流した。

「あれ？　ふたりは？」

「ホテルで少し休んでから来ます」

「そか、じゃビールでも飲も！」

カンパーイ！　試合は始まった。オリックスの1番バッターは大城滉二《おおしろこうじ》、地元沖縄の選手である。

「ながみねのほしぃー！　大城くんちばりよー！」

僕たちの隣のおじさんが「長嶺の星」と書かれたダンボールを頭の上に掲げ、大声で叫んでいる。

「長嶺の星てなんですか？」

「なんだよぉ〜、知らないのぉ〜、大城くんは長嶺だからさぁ〜」

ちょっと答えにはなってなかったがそれでよかった。

「次、大城くんが打席になったら教えてくれない？」

そう言うとおじさんは球場に背を向け、仲間とお酒を飲みはじめた。なんのラベルも貼っていない茶色の瓶からドブドブと紙コップへ注ぎこみ、飲み干す。その背中と発せられるイントネーションにこの旅で一番の沖縄を感じた。試合内容よりも大城滉二に打席が回るたびに掲げる段ボールとおじさんが同じようにボロボロになっていくのがおかしくてしかたなかった。

いつの間にか合流していた奥さんと息子もそんなディープ沖縄を楽しんでいた。

「かみじょうたけしさんですか？」

試合も終盤に差しかかったころだった。

ユニフォームを着たかわいらしい野球少年が声をかけてきた。

そのイントネーションからも地元の子供だとすぐにわかった。

「名前は？」

「宇栄原《うえばる》オリオールズの宮良《みやら》といいますっ」

「宇栄原オリオールズって少年野球チーム？」

「はい！」

受け答えがハキハキと元気がよくて、こちらも笑顔になる。

「僕が甲子園に行ったら『アメトーーク！』でしゃべってください！」

「高校はどこいくの？　興南か？　沖縄尚学？」

「いえ、僕は未来沖縄に行きます」

「未来沖縄？」

どうやら昨年野球部ができたばかりの学校だという。授業が昼で終わり、あとは野球をするだけというあいまいな噂でそこに進学を決めた、野球小僧らしい理由に思わず吹き出した。

「サイン書いてください！」

「よっしゃ。ほなら、おっちゃんのメモ帳にもチーム名と名前書いといて。おっちゃんも覚えとくから」

「はい！　宇栄原オリオールズの宮良颯《はやて》です。未来沖縄を甲子園に連れていく男です！」

未来沖縄を甲子園に連れていく男です。

この小学生離れしたセリフが印象に残った。

「おい、らくてぇ～ん！　そろそろいしみねくんをぉ～だせよぉ～」

ベロベロに酔ったおじさんが久しぶりに叫んだ。その声がベンチに伝わったのか、最終回、先頭の聖澤諒《ひじりさわりょう》が2塁打を放ったところで沖縄出身の代打伊志嶺《いしみね》のコールが響き渡り、球場がどっと沸いた。

「それでいいんだよぉ～」

沖縄を代表するようなおじさんと、かわいい野球少年と出会えた最高の沖縄開催となった。

２０２２年、第１０４回全国高等学校野球選手権大会の出場校を決める地方大会が、6月18日に全国のトップを切って沖縄大会から始まった。高校野球好きならこの時期、自分の母校や甲子園常連校、気になる学校のチェックは怠らない。

さらには「バーチャル高校野球」というアプリのおかげで全国の地方大会を生でチェックできるようになった。

6月18日、沖縄大会の開幕カードは、ＫＢＣ未来沖縄vs那覇商業。朝から自宅のリビングで、この夏、全国で一番最初の試合を観戦していた。

初回に1点、2回に2点とＫＢＣ未来沖縄が着実に得点を重ねていく。5回には打者9人の猛攻で一挙に4点をもぎ取り7－0とする。先発の依田龍斗《よだりゅうと》も那覇商業打線を2安打に抑える好投で6回裏を迎えていた。あと1点取って、次の回を抑えればコールドゲームが成立する。

先頭の2番外間雄一朗《ほかまゆういちろう》がサード前にセーフティーバントを決める。続く神里《かみざと》ダラスが倒れ、一死1塁で4番を迎えた。

ＫＢＣ未来沖縄の4番、スコアボードには「宮良」と刻まれていた。

ん？　あれ？　えっ？

〝み、や、ら〟

改めて音に出してみた。未来沖縄のみ、や、ら……。

うっわぁ、うわぁ！　えぇぇーーー！！！

過去の記憶がよみがえってくる。もしかしてあの宮良くんなのか？

未来沖縄を甲子園に連れていく男？

２０１６年の６月28日に小学校６年生ならば２０２２年の６月は高校３年生。

つじつまは合う。

〝カキーン〟

４番宮良は左中間を破るタイムリーツーベースを放ち、８－０と那覇商業を突き放した。すごいぞ、すごいじゃないか。

これが事実なら、こんなにうれしいことはない。すぐにあのとき一緒に観戦した野球仲間に連絡した。

「突然すみません！　６年前のパ・リーグ沖縄開催のときに、声かけてきた宮良って少年を覚えてますか？」

「あぁ、長嶺の星か？」

「それ酔っ払いのおっさんです」

「あの、未来沖縄行くって言うてた子？」

「そうです、そう！　そうです!!」

「あの子がどうした？」

「いま沖縄大会観てたら未来沖縄の4番が宮良なんですよ！」

「えぇ!!　でも沖縄で宮良って名字は多くない？」

「確かに……」

「あっ、ちょっと確認できるか聞いてみるわ！　偶然、千葉くんが沖縄大会を観にいってるみたいやねん」

試合は7回表も無失点に抑えたKBC未来沖縄が8－0の7回コールドで那覇商業に勝利した。試合後、共通の知り合いである高校野球大好きプロレスラーの千葉《ちば》智紹《とものり》さんから連絡が入る。

「宮良くんでした！　6年前にかみじょうさんにあいさつしたって言ってます（笑）」

「うそやぁ……」

試合後に球場で宮良くんを偶然にも見つけ、直接聞いてくれたようだ。あのとき言った通りにKBC未来沖縄に進学していたことはもちろんだが、あの少年が野球を続けていたことがとてもうれしかった。この夏は彼を追いかけると決めた。

続く2回戦の相手は第1シードの沖縄水産。直前の春季沖縄大会では、25年ぶりの優勝を飾っていた。ＫＢＣ未来沖縄も準々決勝で9－2の7回コールド負けを喫した相手だ。

くじ運としては最悪だが、甲子園に行くためには必ず倒さなければならない。1回表ＫＢＣ未来沖縄は1番大城元《おおしろげん》がレフト前ヒット、2番外間がデッドボールでノーアウト1、2塁を作る。3番神里はショートライナーで不運なダブルプレー、しかし残った1塁ランナーが守備のすきをついて2塁へ進んだ。ツーアウトながらランナー2塁で4番宮良に打順が回る。仕事の空き時間に運良くチェックすることができた。宮良は逆方向へ先制タイムリーを放つ。

「よっしゃぁ！」

4－2。ＫＢＣ未来沖縄が第1シードの沖縄水産を破る大金星をあげた。

仕事先の高校野球好きには必ず宮良くんの応援をお願いした。

続く3回戦は7月3日に糸満高校との対戦が決定した。

「よし、行こう！」

大会日程を見ても未来沖縄の試合を生観戦できるのはこの日だけであった。沖縄行きのチケットを取った。前日のラジオでもみんなで応援よろしくと呼びかけた。しかし……。

沖縄本島を台風4号が直撃。それでもわずかな可能性に賭け、早朝に関西国際空港を出発した。

「直撃やん」

那覇空港に到着。やはり大会は中止となった。機内では福岡空港に着陸の可能性があるとのアナウンスも流れたくらいだ。呆然と立ちつくすこともできないくらいの暴風に笑うしかなかった。現在の状況をＴｗｉｔｔｅｒに投稿した。たくさんの方からステーキでも食べて元気出せと返事をもらう。

空港からゆいレールに乗り、ステーキハウスを検索した。旭橋という駅から徒歩数分のところに「ジャッキーステーキハウス」なるお店を発見。

横なぐりの雨に、びしょびしょになりながら、ステーキハウスを目指した。

大通りから右に曲がり、1本目を左に曲がれば目的地である。大通りを右に曲がり、少し進んで左に曲がる手前のところで、右手の大きな建物の前にたくさんの学生たちが集まっているのが見えた。近づいてみると、どうやら英検の受験者のようだった。よりによってこんな日に……。いやお前やで!!

なんて自分にツッコミを入れながら、ふと建物に刻まれている「KBC学園」の文字が目に入った。

えっ……、ここなの？（笑）。

偶然にもステーキハウスから数秒のところに学校を発見することができた。こんな奇跡が起きる？　もしかして……。建物を少しウロウロしてみた。

「みやらぁ～」

なんて声に出しながら。もちろん会うことはできなかった。

少し寄り道したあと、ステーキハウスに入った。沖縄に飛んだ理由はこのお店だったかのようにお店で一番高いメニューを頼む。熱々のお肉が冷えた身体をなぐさめてくれた。店を出るころには雨はすっかりやんでいた。こんな機会でもなければ行くことはなかったであろう首里城を見て大阪に帰った。

結局、糸満との試合は7月9日の土曜日に変更となった。

毎週土曜日はKBS京都ラジオで森脇健児さんと「サタデースタジアム」という番組をお昼の12時から13時までやらせてもらっている。朝9時からの第1試合なら本番前に見終えるものだと思っていた。しかし、未来沖縄が1－0と1点リードの9回表に糸満が同点に追いつき、そのまま延長戦に突入。互いにゼロが続き、とうとう12時からのラジオが始まってしまった。番組でもここ数週間は彼の話をしていたこともあり、みんなが試合を気にかけてくれていた。

「どや？　まだやってるか？」

CMに入ると森脇さんが声をかけてくれた。

「うわぁ……3－1で負けてます」

糸満が2点リード、未来沖縄が延長タイブレーク13回裏の攻撃を迎えていた。たくさんの情報は得られぬままCMは明け、番組も残り時間を消化した。

さすがにもう決着はついているはずだ。スマホの画面を手で隠し、徐々にその手をずらしていく。たのむ、たのむ、たのむ!!

4－3。

「逆転勝ちやぁ!!」

未来沖縄は裏の攻撃、一死満塁から5番前田博朱のレフトの頭を越える走者一掃サヨナラタイムリーで延長13回タイブレークの激闘に勝利した。

そして勢いそのままに続く準々決勝の与勝との壮絶な乱打戦も制し、とうとうベスト4まで駒を進めた。

あと2つ、あと2つで想いが叶う。

未来沖縄を選び、ここまでたどり着いた彼を本当にすごいと思った。

そして準決勝戦は秋の王者、興南高校と対戦が決まった。


7月16日の土曜日、京都は祇園祭《ぎおんまつり》の真っ最中である。番組はいつものスタジオを飛び出して公開生放送で行われた。烏丸《からすま》綾小路通《あやのこうじどおり》を西に入ったところにある特設会場までの道中には祭囃子が流れ、着物姿の京美人が街並みの景色を彩る。

しかし、そんな風情を味わうこともなく、スマホのなかに映る沖縄の熱戦に夢中になっていた。

「かみじょうさん、ウッディです。未来沖縄勝ってほしいですねっ！」

観覧に来ていたリスナーのウッディ（ラジオネーム）があいさつしてくれた。

試合は未来沖縄が初回にヒットと押し出し四球などで2点を先制、興南もすぐに追いつき2－2のままラジオの公開生放送は始まった。その日は祇園祭ということもあり、このあと特設会場を盛り上げるよさこい鳴子踊りの方々などゲストが盛りだくさん、あっという間に番組は終わりの時間を迎えた。

「みなさんこのあとも祇園祭をお楽しみください。お相手は森脇健児とかみじょうたけしでしたぁ」

番組が終わり、ステージ横のテントに下がっていく僕に、客席からの声が聞こえた。

「かみじょうさん、未来沖縄がぁ！」

客席ではウッディがスマホで沖縄大会をチェックしてくれていた。

「これ、あるんちゃいますか⁉」

すぐさま客席に降りていき、スマホの画面を見せてもらう。9回裏未来沖縄の攻撃はノーアウト2塁、3塁。一打サヨナラの場面だ。

これで決まるのか⁉

がんばれ！　未来沖縄、がんばれ！　宮良！

しかし興南、絶対絶命の場面でエース生盛亜勇太《せいもりあゆた》が意地を見せる。

2番外間を三振、そして3番代打の神谷も三振と2者連続三振で斬ってとる。

あっという間にツーアウト2、3塁となり、ここで4番の宮良颯に打席が回ってきた。祇園祭の特設会場の客席、リスナーのウッディと2人で小さな画面を食い入るように見つめた。

「みやらぁーいけぇー！」

〝ズバァーン〟

6－4。

9回裏、三者連続三振でサヨナラを許さなかった興南高校が延長に入り12回表に2点をとって未来沖縄をふり切った。

どれくらいここにいただろうか。スマホの画面から世の中に意識を戻すと、ステージでは、よさこい鳴子踊りの真っ最中であった。

〝カチカチカチカチ……〟

鳴り響く鳴子の音色が彼の健闘をたたえてくれているかのように聞こえてきた。

「未来沖縄を甲子園に連れていく男です！」

素敵な夏をありがとう。

左:第1シード沖縄水産戦で活躍する
宮良颯
下:準決勝、興南戦後に最高の仲間たちと

いくつになっても野球小僧

上宮高校（大阪）・黒川洋行選手

２０１９年のお正月、奥さんの実家に帰省した際、バッティングセンターに行きたいと息子が言い出した。

実家は奈良県西部に位置する自然いっぱいの田舎街。こんなところにバッティングセンターなどあるわけがないと思いながら、一応検索してみた。

「王寺ドームスタジアム」

うそだろ……（笑）。

驚くほど近くにそれらしき場所があることがわかった。

「あそこはスケート場やで」

グーグルに真っ向勝負を挑んだ奥さんの謎の発言をはっきりさせるためにもその場所に向かった。家の前の坂道を下り大和川を渡ったところに、見えてきた大きな白いドーム。広い駐車場があり、入口手前のネットではトスバッティング中の親子や鏡の前で自らの素振りを確認している中学生がいる。ドームの中に氷のリンクなどはもちろんなく、お正月にもかかわらず、たくさんの野球少年たちが快音を響かせていた。

「何だこれ？」

もっとも驚いたのは入って右側に東北楽天ゴールデンイーグルス、背番号24番のユニフォームやサインが飾られていることだ。

まさか……。

奈良県内にあると噂には聞いていたが、そこは東北楽天ゴールデンイーグルス黒川史陽選手の実家が経営するバッティングセンターだった。よく見るとドーム内には智弁和歌山時代の黒川選手の写真、高校野球界では名の知れた球児のネーム入りタオルが飾られている。

こんなことがあるのか？

高校野球好きでイーグルスファンの僕にとってはたまらない場所にたどり着いてしまった。

「かみじょうさん、はじめまして黒川です」

声の主は黒川洋行《くろかわひろゆき》さん。史陽選手の父親だった。身長は１７０センチくらいだろうか、分厚い胸板から伸びるしっかりとした二の腕は、本格的に何かのスポーツをやっていた人のものだとすぐにわかった。

「楽天ファンですよね？　史陽の応援よろしくお願いします」

智弁和歌山からプロ野球選手に至るまでの話や、史陽選手には兄と弟がいて3兄弟全員が甲子園に出場した話など、初対面とは思えないほど会話が弾んだ。

ドーム内には１３０キロから小学校低学年の息子でも打てる60キロの低速球のバッティングゲージもあり、息子とひんぱんに通うようになる。

同世代の洋行さんとは楽天イーグルスや高校野球という共通の話題もたくさんあり、自然と親しくなった。

そんな出会いから3年が過ぎた２０２２年の夏も終わりに近づいたある日、息子と一緒に王寺ドームを訪れていた。

「かみじょうくん、うちの副部長やってくれへんかな？」

株式会社ＳＵＮホールディングスが新たに奈良県を拠点にした社会人硬式野球チーム、ＳＵＮホールディングスｗｅｓｔを創部。聞けばそのチームの監督に黒川さんが就任したという。そしてチームの副部長を僕に務めてほしいという話だった。

黒川さんからはチームを応援してほしいと言われた。しかしなかにはプロ野球選手を目指し、人生をかけてその場所に挑んでいる選手がいる。ただの野球ファンが、軽はずみに受けてはいけないとお断りした。しかし、その日から黒川さんからの猛アタックが始まる。参加するなんて言ってないトライアウトの日程が送られてきたり、僕のことを勝手に副部長と呼ぶようになったりした。

断り続けて3ヶ月が過ぎたころだった。

「かみじょうさん、本気の話です。SUNホールディングスで何かやってもらえませんか？　社会人野球を盛り上げたいんです。力を貸してください」

いつもの冗談っぽい雰囲気はまったくなかった。

よく考えれば、息子が野球を始めるきっかけをくれたのはこのバッティングセンターだった。普段は黙っていても、聞けば細かい技術指導もしてくれる。プロ野球関連の番組や記事を書くときなどは必ず史陽選手の近況や子供のころの話を聞かせてくれた。

僕自身が与えてもらってばかりになっていた。

こんなにも必要とされることがあるか？　微力でも恩返しになるのなら……。

そんな思いにさせられた。

「わかりました。僕でよければ副部長お受けいたします」


黒川さんは大阪の北河内で生まれ育った。

野球との出会いは幼稚園のころで、金物店を営んでいた父のもとに新潟から修業に来ていた従兄弟のお兄ちゃんがキャッチボールをしてくれたことがきっかけだった。

気づけば夢中になっていた。

近所の少年野球チームに入ると、中学では寝屋川シニアで活躍した。

高校は名門の上宮高校に進学、入学して先輩たちのレベルの高さに驚いた。

2つ上には薮田安彦《やぶたやすひこ》（千葉ロッテ）、中村豊（日ハム→阪神）、1つ上には西浦克拓《にしうらかつひろ》（日ハム）、筒井壮（中日→阪神）、のちにメジャーリーグでも大活躍する黒田博樹までいた。そんななか、3年生で迎えた第65回選抜高校野球大会ではキャプテンとして全国優勝を成し遂げた。2学年で7人ものプロ野球選手を輩出した先輩たちでさえなしえなかった大偉業である。

同志社大学を卒業し、社会人野球ではミキハウスで30歳までプレー、その後は当時新しく野球部が発足したセガサミーで38歳までコーチとして活動、プロ野球選手も輩出した。

コーチの任期は終えたがセガサミーの社員として会社には残れた。

しかし迷いはなかった。

一流企業の給料を捨て、関西に残した家族との暮らしを優先した。

そしていつしか子供たちが通っていた王寺ドームスタジアムの経営を任されることとなった。


2023年3月、バッティングセンターの近くにある文化会館でSUNホールディングスwestのチーム発足会が行われ、黒川監督は地元のみんなの前で宣言した。

「夢はこのチームを都市対抗に出場させることです。応援よろしくお願いします」

都市対抗とは夏に東京ドームで行われる社会人野球の日本一を決める大会である。高校野球で言えばまさに夏の甲子園大会だ。もちろん出場するには社会人野球の名門チームを相手に厳しい予選を勝ち抜かなくてはならない。

チームには高校卒業を機に野球をあきらめようとした選手や大学野球を途中で辞めてしまった選手、この場所がなければ野球はやっていなかった選手が数多くいた。それでも黒川さんは断言する。

「彼らはここからです。絶対に大丈夫です」

新しく発足したチーム、実績のある選手が希望して入ってくる環境にはない。しかし、もともと高校、大学で埋もれてしまっている選手を育てたいという強い気持ちがあった。

「難しくないです。やる気スイッチさえ見つけてあげればすぐに変わります」

王寺ドームスタジアムは、子供のための野球教室が開催されたり、自習室と呼ばれる勉強部屋もあったり、いろんな可能性に挑戦できる場所となっている。自分で実力を決めてしまう子供や、自分の子供の可能性を決めてしまう親御さんを見るたびに、悔しい気持ちになったからだという。

「野球じゃなくてもいいんです。本気になれるものを一緒に探すんです」

自習室にあるパンチンググローブは、もとは野球教室に通っていた少年からボクシングをやってみたいと相談されて購入した。すぐに大阪のボクシングジムを紹介、野球教室に来たときには、黒川さん自身がミットを持ってパンチを受けている。先日、ジム内で行われた彼の試合を応援に行ったんだとうれしそうに語ってくれた。本気でぶつかれば絶対に感じてくれる。

3人の息子にも絶対に全員甲子園に行けると断言し、それを現実にした。

「あの人がいなかったら僕はプロ野球選手になってなかったです」

2011年から9年間、オリックスに在籍した宮﨑祐樹氏も黒川さんにやる気スイッチを押してもらったひとりだ。

亜細亜大学ではたったの5打席しか出場していない。現代社会の教員免許を取得し、学校の先生になるつもりだった。そんな折、亜細亜大学のレギュラー組の2人がセガサミーのセレクションを受けることになり、監督から野球を学んでこいと2人について行くことになった。

そこで、当時セガサミーでコーチをしていた黒川さんと出会う。短い時間のなかで自分でも驚くほど飛躍的に打球が飛ぶようになったという。

当初、2人のうちの1人が選ばれると言われていたが、選ばれたのはついて行った宮﨑氏であった。

「信じられませんでしたね。レギュラー2人と僕を色眼鏡で見ずに、ホントにお前はすごいよって言ってくれて……」

その2年後、2010年のドラフトでみごとにプロ野球選手になるわけだが、その間も常にそばで助けてくれたそうだ。

2年目には3番を任されていたが、相手チームのマークも厳しく、打てない日が続いた。

「ザキ、打たなくてもいいんだよ。お前がいることが相手にとってどれほど脅威か。ザキの存在が戦力なんよ」

いっきに気持ちが楽になった。この人のためにがんばりたいとも思った。

「今回も、黒川さんの頼みじゃなかったら引き受けてないですね」

宮﨑祐樹氏はSUNホールディングスwestの打撃コーチに就任した。

そして彼だけではない。このチームで必ず都市対抗に出場してやると気持ちを高ぶらせている僕自身も黒川さんにやる気スイッチを押されたひとりかもしれない。

「都市対抗に必ず出るぞ」

本気でぶつかるからこそ見えてくる新しい景色がある。

いくつになっても野球小僧、黒川洋行監督の挑戦は始まったばかりだ。

左:経営するバッティングセンターにて
下:SUNホールディングスwest発足会で

憧れのユニフォーム

平野パイレーツ（奈良）・田中伸季選手

奈良県では毎年12月に「プロ野球・奈良県人会〜地元に恩返しスペシャル〜」と題し、横浜DeNAベイスターズ監督の三浦大輔氏が主催する野球教室が行われている。奈良県出身のプロ野球選手たちが一堂に会し、子供たちに野球を教えてくれるのだ。

「このなかから、プロ野球選手が誕生して、いつか僕たちと一緒に恩返しで野球教室に帰ってきてくれる選手が出てくることが僕の夢です！」

三浦番長の言葉を、目をキラキラさせながら全身に吸い込んでいる少年少女たちが、毎年のことだがうらやましく思う。

僕がこのイベントのMCをやらせてもらって6年目になる2022年は、奈良県田原本町中央体育館が会場となっていた。

開始2時間前に体育館に到着するとボランティアの大人たちが準備に取りかかっていた。主役は子供たちとプロ野球選手なのだが、こうやって支えてくれる人々がいるからこそ毎年イベントが成立している。

「かみじょうさん！　今日はよろしくお願いいたします」

「こちらこそ、よろしくお願いいたします」

「今日、かみじょうさんもよく知ってるあの子が参加しますよ！」

「えっ、誰ですか？」

「きっと覚えてると思います。あとでぜひ取材してあげてください！」

ボランティアスタッフのひとりが声をかけてくれた。

この野球教室は毎年奈良テレビ放送で翌年の1月に放送される収録も兼ねている。野球教室が始まる前に、集まってくれた子供たちに意気込みをインタビューするのが毎年の恒例なのだ。楽屋に入って軽めの打ち合わせを済ませ、子供たちのインタビューを撮るために外に出た。

「かみじょうさん、あそこのチームにいますよ！」

帽子にはHの文字、胸に「平野」と書かれたユニフォームを着た子供たちが15人くらいで集まっている。平野パイレーツという少年野球チームらしい。そのなかに確実に見覚えのある男の子がいた。

「こんにちは、かみじょうさん、おっ、おぼえてますか？」

「少年やないか！　久しぶりやなぁ」

あの夏から1年半、見違えるほど身長は伸びていたものの、ぽっちゃり体型と愛くるしい笑顔はあいかわらずですぐに彼だとわかった。

「元気やったか？」

「はい……げ、げんきで、やっていますっ」

「どないしてん？　しゃべり方変わってしもてるやん（笑）」

久しぶりの再会で照れくさいのか、上目づかいでもじもじしながらも、敬語が使えるようになった少年の成長にうれしいような、ちょっぴりさびしいような変な気持ちになった。

「で、高校はどこ行くの？（笑）」

「もちろん……」

2021年7月18日、その日は奈良大会観戦のため橿原市にある佐藤薬品スタジアムを訪れていた。

第1試合の登美ヶ丘・国際vs高田商業は初回に1点を先制されるものの、その裏に3点を取り逆転した高田商業がエース安井直斗から合木凛太郎《ごうきりんたろう》への投手リレーで登美ヶ丘・国際打線を初回の1点で抑えきり、7－1で勝利した。

試合後、球場横にある広場では両校の保護者たちや学校の友達が野球部員を出迎えるために待機している。

どちらでもない僕のようなただの高校野球ファンもまれに待機している。

「かみじょうたけしや！　取材？」

「どうした、少年。君も試合終わりか？」

「うん」

「何年生や？」

「小4やで」

ユニフォーム姿の小学生が話しかけてきた。ぽっちゃりとした体型で、物おじしないしゃべり方が妙に愛くるしい。

「高田商業のキャッチャーってうまいと思う？」

「ええキャッチャーやと思うでっ」

「ほんまに!?　その田中って人な、僕の兄ちゃんやねん！」

「田中くんの弟くんかぁ？　兄ちゃんすごいなぁ」

高田商業の扇の要、田中佑季選手の弟であった。

お兄ちゃんをほめられてうれしそうな彼ならきっと喜ぶだろうなぁと思い、かけた言葉に意外な答えが返ってきた。

「高田商業行ってお兄ちゃんみたいにがんばりや！」

「行かへんよ」

「えっ……（笑）」

「僕は智弁に行くねん。智弁学園行って甲子園出るねん」

「今年は？」

「智弁やと思う」

「高田商業て言え（笑）」


続く準々決勝、郡山に3－2で辛くも勝利し、高田商業は準決勝までコマを進めた。

「兄ちゃん2安打の大活躍やったなぁ」

「うん。がんばっとったな」

「かっこよかったなっ」

「うん」

「ちなみに高校はどこ行くん？」

「智弁に決まってるやん！」


あの日から、高田商業の試合のあとは広場で少年と話すのが恒例になった。

そして迎えた7月27日、天理vs高田商業の準決勝戦が行われた。

天理には3ヶ月後のドラフト会議で北海道日本ハムファイターズから1位指名を受けることになるピッチャーの達孝太《たつこうた》、サードには翌年に阪神タイガースからドラフト指名される戸井零士、外野手には主砲の瀬千皓《せちひろ》（明治大学）など戦力も充実。

しかし高田商業も今大会のここまで、1年生のスーパールーキー東口虎雅《ひがしぐちたいが》とキャプテン津田侑輝の1、2番が出塁するとダイヤモンドをかき回し、3回戦が終わった時点でチーム20盗塁と相手がいやがるそつのない野球で勝ち上がってきた。

2回裏一死3塁から7番ピッチャーの安井がセンター前タイムリーで先制。続く3回裏にもランナー2人を置いて4番米田がセンター前に2点タイムリーで3－0と高田商業がリードする。

4回表に天理も3番内山のソロホームランで1点を返すものの、その裏9番ショート廣瀬のスリーバントスクイズで4－1と再び3点差に突き放す。

しかし前年度王者の天理も黙っていない。

5回表にランナーを2人置いて、3番内山、4番瀬の連続タイムリーで同点に追いつく。その裏、高田商業が1点をとり、5－4。

高田商業1点リードで迎えた9回表一死2、3塁から3番内山がこの日5打点目となる2点タイムリーでこの試合初めて天理がリードを奪う。しかし土壇場9回裏、今大会ラッキーボーイの東口が出塁するとキャプテン津田がプロ注目の達孝太からセンターオーバーで同点、さらに中継がもたつく間にバッターランナーの津田もホームインで高田商業がサヨナラで天理を下した。

急いで広場へ移動して少年を探す。

「おい！　少年！　兄ちゃんすごいな!!」

「うん……ヤバいわ」

「とうとう明後日決勝戦やで！」

「うん」

「甲子園連れてってくれんちゃう？」

「うん……」

試合内容が劇的すぎたのか、少年もまだ事実を受け入れている最中のようだった。

ただ、個人的には今大会の高田商業の戦いぶりをずっと見ていたからこそ、この結果にそこまで驚くことはなかった。

それくらいこの夏の高田商業は強かったのだ。

そして準決勝第2試合で奈良大付属を10－3で下した智弁学園が決勝へとコマを進め、7月29日、高田商業vs智弁学園の決勝戦が決定した。

智弁学園は秋のドラフト会議で阪神タイガースから指名される前川右京を中心に不動の4番山下陽輔（法政大学）、俊足好打の岡島光星《おかじまこうせい》（近畿大学）に加え、1年生から主戦力として投げ続けている左右のダブルエース西村王雅、小畠一心が最終学年を迎える智弁学園史上最強チームとの呼び声も高かった。

しかし天理を倒し勢いに乗る高田商業も、勝てば夏の甲子園58年ぶり2回目の出場とあり、58年前の野球部員も駆けつけ、球場は異様な空気に包まれていた。

1回表、高田商業の攻撃、先頭の東口は先発小畠のストレートにまったくタイミングが合わない。しかし追い込んだあと投じた変化球がバットに当たり、サードゴロと思いきやバウンド合わずでレフト前に転がる。2番津田はバスターエンドランでランナーを進め、四球と4番米田のセンター前で満塁とし、5番山中のレフトへの犠牲フライで先制点をもぎ取る。

高田商業スタンドからは、かつて聞いたことがない音量のメガフォン応援が聞こえてきた。

しかしその音をかき消すかのようにその裏、強力智弁打線が襲いかかる。

1番前川、2番谷口の連続安打でランナーをためると、先ほどエラーで1点を献上した4番山下が自分のミスを帳消しにする同点タイムリー。さらに打線はつながりこの回だけで8安打を放ち、6－1といっきに試合を決めにかかる。

高田商業エース安井は1イニングもたず、早々にマウンドを合木凜太郎に託す。さすがにこの展開はワンサイドもあるかと思われたが、リリーフした合木投手が140キロ前後のストレートとキレのある変化球で智弁学園の攻撃をゼロに抑えていく。

そして6回、7回に1点ずつを返し、6－3で9回を迎える。

智弁学園も最終回は、好投を続けていた小畠から西村王雅へ継投。しかしその西村から高田商業が粘りを見せ1点を返しツーアウトながら1、3塁とし1塁ランナーが帰れば同点。ここで3塁ランナーコーチャーをつとめていた背番号13番杉山太翼《すぎやまだいすけ》が右バッターボックスへ向かう。

秋には4番も打った男だ。

赤坂監督に迷いはなかっただろう。

初球、クロスファイヤーぎみで入ってきたストレートを見逃しワンストライク、2球目も同じようなやや高めの球をフルスイングするもののバットは空を切り、ノーボールツーストライクからの3球目、高めのストレートをフルスイング。三球三振で試合は決した。

6－4で智弁学園が高田商業を破り、2大会連続20回目の甲子園を決めた。

最後追い込まれながらも球場の空気を断ち切り勝利した智弁学園は強かったし、2回以降智弁学園打線を無失点に抑えきった高田商業もさすがだった。


表彰式が終わり、広場に移動した。

空は晴れているのに大粒の雨が降ってきた。

まるで高田商業野球部員の心模様を表しているかのようだった。

ふと背番号2の側から離れようとしない少年を見つけた。

「おーい。兄ちゃんかっこよかったなぁ」

僕の声に気づいた彼が、こちらに歩いてきてくれた。

「やっぱやめるわ」

「何を？」

「俺、高田商業に行くわ」

「えっ、智弁は？」

「智弁は俺が倒すねん。絶対、高田商業で甲子園に行きたいねん」

それだけ言うとまたお兄ちゃんのもとに戻っていった。

またひとつ、応援したい夢が増えた。

少年との２０２１年夏の思い出だ。

上:憧れのユニフォームに囲まれて
下:2021年、奈良大会決勝後に大好きなお兄ちゃんにしがみつく少年

北の大地で挑戦を続ける男

石狩レッドフェニックス（北海道）・藤井壮太選手

球場のスタンドをおおう芝生の匂いに癒やされる。

観客席はない。

バックネット裏の芝生にドカッと座るのが、この球場での僕のいつもの観戦スタイル。2023年4月23日、大阪府吹田市にある万博記念公園野球場に阪神大学野球連盟2部東リーグの試合を観にきた。

目当ては追手門学院大学2年生の頼武陽《らいたけはる》投手だ。

兵庫県立東灘高校時代から個人的に注目していた選手で、左サイドハンドから130キロ台の直球と多彩な変化球で打者を翻弄する。知り合いが東灘高校の教員だった縁で、グラウンドへ足を運んだ際に出会った。

高校時代は驚くような球を投げるわけではなかった。ただ彼が見せる周りへの態度、野球へ取り組む姿勢、人なつっこいその人柄に触れ、気づけばファンになっていた。

2021年最後の夏は兵庫大会の3回戦で神戸第一に9－1で敗戦。同級生が野球に区切りをつけるなか、彼ひとりだけが大学でも続けると連絡をくれた。この日はチームの6連勝がかかった帝塚山大学との大切な試合で先発を任されている。

「かみじょうさん、お久しぶりです！　藤井です！」

試合開始直前、突然声をかけられたが誰だかわからなかった。

「ん？」

「去年の春、G7に追手門学院の試合を観にこられましたよね？　そのときにあいさつさせていただいた藤井といいます！」

「おっ？　うん」

2022年の4月上旬、頼武陽から春季リーグ戦のメンバーに入ったという知らせが入った。大学入学までの冬の間にしっかりトレーニングを積んだ成果が実を結んだのだろう。とてもうれしい知らせだった。

さっそく彼の大学デビュー戦を観に、G7スタジアム神戸に向かった。兵庫大学を相手に先発登板、2イニングをみごとに無失点で抑えた。試合も12－1で追手門学院大学が快勝。

試合後に頼選手と話し込んでいるところに、あいさつに来てくれたのが藤井くんだった。言葉は交わしたが顔までは覚えていなかった。

「で、藤井くんはいまはどうしてるの？」

「自分はいま独立リーグの石狩レッドフェニックスってとこで野球続けてます！」

「野球続けてるんや！　すごいね！　石狩って、北海道やろ？」

「はい、北海道フロンティアリーグです！」

「なんで、大阪に？」

「いま遠征で関西に来てて、今日はオフだったので後輩の応援に来ました！」

ハキハキとした口調がなんとも清々しかった。彼の名は藤井壮太、愛知県名古屋市で生まれ育った。

「人生が詰みそうな〝ふじいそうた〟です」はテッパンの自己紹介。

将棋はむちゃくちゃ弱いらしい。

中学までは地元の学校に通い、高校は静岡県の浜松修学舎で三年間の寮生活を過ごした。

2015年から2022年まで追手門学院大学の監督を務めた小島弘務《ひろむ》氏（元中日

ドラゴンズ）が彼の少年野球時代の監督だった関係で、同大学に進学したようだ。

「藤井くんの代は、静岡はどこが甲子園に行ったの？」

「僕たちの代は常葉菊川が甲子園に出ました。ちょうど甲子園が１００回大会のときなんです」

「うわぁ！　その年、草薙《くさなぎ》球場に開会式観にいってるわぁ。浜松修学舎はどやった？」

「僕たちはベスト8でした」

「すごいねっ！　大活躍したか？」

「大活躍？　試合に出た記憶がないんですよね（笑）」

「えっ……」

公式戦に出場したのは最後の夏のたったの1イニングだけ。準々決勝の浜松城北工業戦で8回にサードを守ったのみ。打席には一度も立てなかった。

高校野球を過ごすなかで、さまざまな選手と出会い、自分の立ち位置はある程度ぼんやりと見えていたはずだ。

それでも彼は野球を続ける道を選んだ。

「悔しかったんです」

てっきり試合に出ることができなかった悔しさだと思った。

でも違った。

「ちゃんと挑戦してなかったんです」

もっと自分はできたんじゃないか？

なぜやらなかった？

きちんと失敗してこなかった自分への憤りにも近い思いだった。

大学に入学してからはさまざまな可能性にチャレンジした。

送球を整えるためにピッチャーも自ら志願した。

ガリガリだった身体を変えるため、1度の食事量は減らし回数を1日8食に増やした。すると高校時代に49キロだった体重は大学4年時には90キロにまで増え、打球の伸びが飛躍的に変わった。

そしてついに大学4年の最後のリーグ戦ではベストナインを獲得することができたと言う。

「いまは北海道フロンティアリーグから最初のNPBの選手を目指してます」

気づけば彼の話に夢中になっていた。

藤井壮太に声をかけられてから数日後、僕は大阪府大東市にある龍間球場を訪れていた。あの日、頼武陽の好投もあり追手門学院大学は6連勝を決めた。

「来週、龍間球場で試合があります。僕の野球も観にきてください！」

後輩たちの勝利を喜びながらも、自分も負けてはいられない、そんな様子だった。

その日は関西独立リーグに属する大阪ゼロロクブルズとの練習試合が組まれていた。

「こんにちは！　かみじょうさんですよね？」

球場脇を歩いているところで声をかけられた。声の主は大阪ゼロロクブルズの谷口功一球団代表兼GMだった。

僕が中学生のときに天理高校で全国制覇、その後ドラフト1位で巨人に入団した。当時のスーパースターを前に興奮を抑えながらあいさつを返した。

「今日は、誰か目当ての選手がいるんですか？」

「実は石狩の藤井選手を応援してまして……」

「そうですか!!　石狩の球団代表と会いました？」

「いえ、まだ、いま来たとこ……」

「石狩は球団代表が女性なんですよ！　呼んできます！」

しばらくすると、谷口さんがひとりの女性を連れてきた。

「はじめまして、石狩レッドフェニックスの球団代表の老田《おいだ》よし枝です。うちの藤井と知り合いですか？」

「はい、まだ2回会っただけですが（笑）」

「あの子は、何かやってくれる雰囲気を持った選手なんですよねぇ」

「あぶなぁあああぁぁい!!」

突然、球場から大きな声が聞こえてきた。

〝ドフンッ〟

次の瞬間、バックネット裏まで鈍い音が響いた。内野フライを追いかけたサードとファーストがマウンド近くで勢いよくぶつかってしまった。

ノックは中断された。

「大丈夫かぁ!?」

ファーストの選手は立ち上がったが、サードを守っていた選手はマウンド上でうずくまったままだった。

「藤井!!」

その後、練習試合は始まったが、思いもよらぬアクシデントで藤井壮太がプレーする姿を見ることはできなくなってしまった。

「大丈夫か？」

「はい、もう大丈夫です！　ただ今日は安静にしておくように言われました。せっかく来てくれたのにすみません」

1塁側のベンチ裏で休んでいる彼を見つけた。

「何かやってくれるとは聞いてたけどねっ」

「次は、ぜひ北海道に来てください！」

「簡単に言うなっ（笑）」

練習試合は4－3で大阪ゼロロクブルズが勝利した。


目線の先に広がる青空、さえぎるものは何もない。

大きな道路をひたすら北に車を走らせる。

少し高いところから赤と白のシマシマの下向き矢印が一定の間隔で配置されている。関西では見かけない道路標識だ。雪が積もると車線が見えなくなってしまうため、道路と路肩の境界線を教えてくれるものらしい。

僕は北海道にやってきた。

練習試合から約2週間後の5月14日、石狩レッドフェニックスのホーム開幕戦を観戦するためだ。朝早くに関西国際空港を出発した。新千歳空港からは快速エアポートに乗車、ＪＲ札幌駅を目指した。

しばらくすると北広島駅を少し過ぎたあたりで、進行方向左奥にエスコンフィールドＨＯＫＫＡＩＤＯが見えた。しかし今日の目的地はここではない。

「こんな遠くまでありがとうございますっ」

ＪＲ札幌駅からは老田球団代表と合流、車を走らせること30分ほどで、石狩市青葉公園野球場に到着した。

「こんにちは！」

球場入口付近でさっそく、藤井壮太が僕を見つけてあいさつに来てくれた。

「調子はどうよ？」

「ありがとうございます！　バッチリです！　今日は必ず打ちますから見ててください！」

「まず試合に出てくれよっ」

北海道フロンティアリーグは石狩レッドフェニックスのほか、ＫＡＭＩＫＡＷＡ・士別サムライブレイズ、美唄ブラックダイヤモンズの３球団から成る北海道のプロ野球独立リーグだ。

2022年5月にリーグ戦が開始され、今年は2年目のシーズンになる。

今日は石狩市青葉公園野球場に美唄ブラックダイヤモンズを迎えてのホーム開幕戦が間もなく始まる。

たくさんのお客さんに来場してもらうため、球場外にはキッチンカーや子供たちのための縁日を出店、さらにはせっかく北海道に来るならと、試合前に僕のミニトークショーも企画してくれた。

驚いたのは、子供たちとのジャンケン大会を仮装までして盛り上げていたのが、KAMIKAWA・士別サムライブレイズの菅原大介球団代表だったことだ。そもそも他球団同士の試合にもかかわらず、士別から石狩に乗り込み、必死に盛り上げようとする姿がとてもかっこよかった。そして北海道フロンティアリーグを応援したいと思った。

スタメンが発表された。4番ファースト藤井壮太のアナウンスが流れる。高校時代は試合に出場できなくても、独立リーグで4番を任せてもらえる未来があった。

初回ノーアウト満塁のチャンスで藤井が右バッターボックスへ。ワンボールツーストライクと追い込まれながらも果敢にファールで粘り、7球目をみごとにレフト前に運ぶ2点タイムリーを放った。藤井壮太のタイムリーに湧く球場を眺めながら、北海道に来て本当によかったと思った。

「プロ野球選手を目指すことにしました」

先日、頼武陽からそんな連絡があった。身近な先輩の挑戦が彼の背中を押したみたいだ。

自らの人生を精一杯生きる。

それが誰かを応援することなんだと、藤井壮太に教えてもらった気がする。

上：試合後、ジンギスカン鍋を前に
　興奮ぎみの藤井壮太
左：ホーム開幕戦、ネクストでスイング
　の確認中

12人の〝約束〟

PL学園（大阪）・藤原海成選手

「恭大《きょうた》、1打席目だめでしたね……」

JR大阪駅からほど近く、元高校球児の大将が営む串かつ料理店で待ち合わせた。店の扉が開き、カウンターに座る僕を見つけるなり、そうつぶやいてスマホの画面を見せてきた。ライトフライ。

「毎試合チェックしてんの？」

「当たり前じゃないっすかっ」

彼の名前は藤原海成《ふじわらかいせい》、スーツ姿も板についてきた。就職して3年、現在はプラント設備の会社で営業マンとして日々汗を流している。

「生ビールでいい？」

「あっ、レモンサワーにしますっ」

お酒がある場所では何度も会っているのに、ビールが飲めないことはそのとき初めて知った。

「はじめまして、藤原海成です」

5年くらい前、彼の父親が大阪国際空港近くにオープンさせた焼き鳥屋さんの店員とその客として、彼とは出会った。

当時は大阪経済法科大学の硬式野球部に所属しながら、夜は焼き鳥屋の主だ。忙しいときには父親も手伝いに入るが、ほぼ彼が中心となりお店を切り盛りしていた。訪れるお客さんの大半は野球好き、高校球児のご両親や近所の野球チームの監督やコーチなどで、毎晩のように野球ネタはつきない。

そして多くのお客さんは彼の弟の話をしたくてしょうがない。

2018年、大阪桐蔭の4番として甲子園春夏連覇を成し遂げ、その年のドラフトでは3球団競合の末、千葉ロッテマリーンズにドラフト1位で入団した藤原恭大選手こそが彼の弟である。

僕自身、大阪桐蔭の藤原くんのお父さんがやっているお店として訪れ、そこで働いている彼と出会った。

店には千葉ロッテマリーンズのグッズや恭大選手のバットやサインが所狭しと飾ら

れ、遠方からも高校野球ファンや千葉ロッテファンが訪れる。

「また応援してやってください！」

カウンターに座っているお客さんから弟の話を聞かれ、笑顔で対応している彼を何度も見た。自身も大学で野球を続けていながら、自らが切り盛りするお店でくり広げられるのは弟の話だ。

「中3のときに中1のあいつに走りで負けたんです。あっ、バケモンやっ、て」

中学の同級生にも走りでは負けたことはなかった。そんなわけはない。何度も競争した。家に戻って取ってきたマウスピースをつけても勝てなかった。

こいつはちょっと次元が違う。そんな気持ちになった。


高校はＰＬ学園に進学した。

しかし、甲子園出場を夢みていた彼に大きな困難が訪れる。

1年生だった２０１４年10月、新年度の野球部員の受け入れを停止することが明らかになったのだ。

その年の夏の大阪大会では決勝で大阪桐蔭に敗れたものの、5年ぶりの甲子園まであと一歩だった。

秋の大阪府大会でも準優勝、２０１５年春の甲子園への参考資料となる近畿大会への出場も決定していただけに、彼はもちろん高校野球ファンにとっても衝撃のニュースだった。

「辛かったです。でも、いまおる同級生12人でがんばろう。そんな気持ちでしたね」

後輩たちが入ってこないとわかった時点で転校すれば、最後の夏には間に合った。でも不思議とそんな発想にはならなかった。

同級生12人も自分と同じ考えだったんじゃないかと彼は言う。

「それがなければ恭大もＰＬに来る予定でしたから……」

兄に憧れ野球を始めた弟もまた、兄と同じユニフォームを着るのが夢だった。しかしその翌年の２０１６年度も新入部員の受け入れはなく、２人の夢は幻となる。

そしてあの辛くて厳しい知らせから1年と9ヶ月が過ぎようとしていた。

藤原海成は3年生になり、同級生12人での最後の夏を迎えた。

即ちそれはＰＬ学園硬式野球部にとっての最後を意味していた。

２０１６年7月15日、第98回全国高等学校野球選手権大阪大会、ＰＬ学園の初戦の相手は東大阪大柏原高校だった。２０１１年夏には甲子園に出場した実力校である。

試合が行われる花園中央公園野球場には2000人以上が押し寄せた。

「はじめまして、藤原海成です」

焼き鳥屋であいさつされたあの日、僕にとっては初対面ではなかった。実はこの日、球場で試合する彼を観戦している。

近鉄東花園駅から商店街を越えて北に向かってひたすら歩いた。陸上競技場と花園ラグビー場を越えた奥にやっと球場が現れる。試合開始より2時間以上早く到着したが、すでに多くの人で混雑していた。

その日は「アメトーーク！」高校野球大好き芸人でおなじみのいけだてつやくんとバックネット裏で待ち合わせ、一緒に観戦した。

中に入るとPL学園のOBはもちろん、かつてのライバルたちやその歴史を知る野球ファンが大勢詰めかけていた。


なんとも言えない重苦しい空気のなか、試合は始まった。

藤原海成は8番レフトでスタメン出場。

「僕、実はスタメンで試合に出る予定はなかったんです」

2016年3月の練習試合中、レフトに飛んだ打球に飛び込んだ際、怪我をしてしまった。最初は水が溜まっているだけだと診断されたが、なかなか痛みが引かず、病院を変えて精密検査をしたところ、右肩関節唇損傷という大怪我だとわかった。

手術をしなければ治らないが、それでは夏には間に合わない。

高校野球で完全燃焼するために、手術はせずに回復に賭けた。

懸命なリハビリを続けるものの状態は思った以上によくならず、代打出場を待つことになる。

しかし、試合前日の7月14日、さらなる困難が12人を襲うことになる。

練習中にフラフラッと上がったフライを追いかけたセカンドの河野友哉《こうのともや》とライトを守っていた正垣静玖《まさがきしずく》が激突、河野は左足大腿部を骨折、正垣は左肩亜脱臼と診断されてしまう。

こんなことが起こってしまうなんて……。

1年生のときに大病を患い、長い闘病生活のため留年を経験している土井塁人《どいるいと》は公式戦には参加することができないため、記録員としてチームを支える。

つまり試合に出場できるのは11人。

そのはずが前日に思いもよらぬかたちで2人が離脱してしまい、海成は急きょレフトとしてスタメン出場が決まったのだ。しかし彼自身も出場できるような状態ではなかった。

「あのときは5メートル投げられるかどうかでしたね」

あらかじめレフトに打球が飛んで来た場合のシミュレーションをチームで行った。左中間寄りの打球を捕球した場合はセンターがボールをもらって返球、レフト前の打球はショートにボールを渡して返球してもらうことを決めたそうだ。

しかしたとえばランナー3塁でタッチアップや本塁クロスプレーの場面はどうするつもりだったた？　とたずねてみた。

「そんときは、腕がどうなろうが、思いっきり投げてやるって決めてました」

不安よりも、自分がやってやるという気持ちが強かった。

実際、初回にレフト前への打球をショートにトスする場面はあったが、幸運にも彼が思いっきり腕を振ることはせずに済んだ。

改めて彼の野球への情熱と覚悟は並たいていのものではなかったのだと感じた。

試合は初回にPL学園が2点を先制するものの、東大阪大柏原がすぐさま逆転。一時は3点差をつけられたが、終盤7回表に序盤のふがいないピッチングを取り返すかのように、エース藤村哲平がツーランホームランを放ち、6－5と逆転。球場全体から大歓声が沸き起こった。

「この子らは、伝統を守っとるぞ」

どこからか聞こえてきたこの言葉に目頭が熱くなった。

こんなにたくさんの大人がいて、何もできないのか？

そんなことを言われているように感じた。

終わることは決まっている。だけど子供たちは必死に伝統を紡ごうとしている。

いや、違う。

12人で最後までやる。

各々が心に決めた約束を守ろうとしているだけだったのかもしれない。

彼の覚悟の源がここにあるようにも思えた。

その後、試合は7回裏に同点、8回には逆転されてしまう。もう返す力は残っていなかった。7－6、ＰＬ学園硬式野球部の長い歴史が終わった。


大半のお客さんは試合が終わってもその場所から動けないでいた。

するとしばらくして、応援団席から幾度となく聞いた、あのメロディーが聞こえてきた。

「あぁ～ＰＬ、ＰＬ、永遠の学園～、永遠の学園」

僕の隣にいたおじさんは応援団にも負けないくらい大きな声で歌い上げた。

年のころは清原、桑田よりは少し上くらいだろうか？

母校お疲れ様でしたと声をかけると、おじさんは答えた。

「僕は三重の海星高校出身です」

改めてＰＬ学園のすごさを知らされた瞬間だった。


一度だけ彼の大学野球を息子と観戦に行ったことがある。２０１９年春のリーグ戦、桃山学院大学との試合だった。

結局その日は出場はなし。必ずもう一度の約束をしたが、翌春は新型コロナでリーグ戦自体が中止、４年生の秋は新しく主将になった選手とポジションが被り、出場機会は巡ってこなかった。

「あの試合でやめようと思ってたんですけどね……」

あの試合とは、高校最後の東大阪大柏原戦のことだ。実はあの試合で彼は４三振に抑え込まれていた。怪我のことは言いわけにはしなかった。

チャンスで回って来た打席で、自分が１本打っていれば勝てたかもしれない。

このままでは終われない。彼は大学でも野球を続けた。

その先で野球を続けない選手の大半は3年生の秋で引退し就職活動を始めるが、4年生の秋まで大学野球をまっとうしたのもなんとも彼らしいと思った。

「子供のころは恭大とはよくケンカしましたねぇ。男同士なんで、もうむちゃくちゃやり合いました（笑）。それもあったからかいまはむちゃくちゃ仲いいですよ」

男兄弟がいない僕にとっては兄弟喧嘩すらうらやましかった。

しかしそれも彼が寮に入ってからはなかなか会う機会も減っていき、自然となくなっていったという。

「たまにしゃべるんです。何十年経って、あいつが野球やめるときには2人で会社やりたいなって。藤原ビル建てたいなぁて。そのときのためにも仕事がんばりたいんです。負けたくないですもん」

そう言うと、さっきまでちびちび飲んでいたレモンサワーをグッと飲み干した。

「そろそろ帰ろか」

「はい、今日はありがとうございました」

そう言うと、彼はもう一度、スマホを開いた。

「うわっ、ロッテ勝ってる。恭大は……2安打してますわぁ！　よっしゃあ！」

来たときよりもうれしそうな顔でスマホの画面を見せてきた。
負けず嫌いで、弟思い、どこまでも真っすぐな藤原海成が僕は大好きだ。

大学のリーグ戦にて、対戦後に藤原海成(右から2人目)とPL学園の同級生と

伝説の超スローカーブ

東海大第四高校（北海道）・西嶋亮太選手

「うわぁ〜、かみじょうたけしさんやぁ!!　ほんまに甲子園におるぞっ！」

２０１４年夏の甲子園が開幕してすぐだったと記憶している。

ダイエー甲子園店の入口あたりで高校球児数人から声をかけられた。

僕が出演していた「アメトーーク！」の〝高校野球大大大好き芸人〟回がオンエアされてすぐというタイミングもあって球児たちはかなり興奮してくれていた。

「君らはどこの学校？」

「九州国際大付属です！」

「おぉー、優勝候補やん」

「清水優心《ゆうし》て知ってますか？　むちゃくちゃ肩強いですから!!　健大高崎とやったら盗塁を全部刺しますから！　楽しみにしていてください」

九州国際大付属は夏の福岡大会決勝を16－0と圧倒的な強さで勝ち上がっていた。

その中心選手、主将の清水優心（北海道日本ハムファイターズ）は今大会注目のキャッチャーだ。

健大高崎の「機動破壊」と言われる機動力野球を完全に封じるウチの清水をぜひ見てほしいと、仲間を自慢するあの表情が忘れられない。両校が対戦するのならば3回戦になるが、「そこまでに負けるはずがない」ともとれる物言いにも、高校生の初々しさがあふれ出ていて好感が持てた。

そんな出会いから数日後の8月14日、九州国際大付属は南北海道代表の東海大四高と夏の甲子園初戦を迎えた。

九国は清水優心だけでなく、5回戦の福岡工大城東戦でサイクル安打を達成した3番古澤勝吾《ふるさわしょうご》（元福岡ソフトバンクホークス）や2年生ながら2本塁打の山本武白志《むさし》（元横浜DeNAベイスターズ）、2番手ピッチャーには富山凌雅《とみやまりょうが》（オリックス・バファローズ）と、のちのプロ野球選手を多数そろえる選手層の厚さ。福岡大会7試合で7本塁打65得点と、打撃に関しては抜きん出ていた。

対する東海大四高は21年ぶりの出場、現在北海道日本ハムファイターズで活躍中の今川優馬はいたものの当時は2ケタ背番号の控え選手。正直、取り立てて騒がれている選手はいなかったように思う。

しかし試合が始まると、その超高校級の選手たちをマウンド上の小柄な青年が次々になぎ倒していく。

東海大四高エースの西嶋亮太《にしじまりょうた》だ。

身長168センチ59キロの身体から放たれるストレートの球速は130キロ半ばながらその球の伸びが素晴らしく、外角低めギリギリのコントロールには思わず声が出た。それに加え、切れ味鋭い縦の変化球に大男たちのバットが次々と空を切る。

すると3回表、一死からその西嶋がセンター前にヒットを放ち、そこから怒濤の4連打などで4点を奪い試合の主導権を握る。

そして迎えた4回裏、先頭の3番古澤への初球だった。

西嶋の右腕から放たれたボールは天高く舞い上がる。

7〜8メートル上空まで上がったボールは18・44メートル先、ど真ん中にかまえるキャッチャーミットにみごとに吸い込まれた。

「なんだ、いまのボール……？」

球速50キロくらいだろうか、山なりのボールを投げこんだ。

長く高校野球を見てきたが、初めて見る軌道とスピードだった。

ましてやここは甲子園。球場中が歴史の目撃者となりざわついている。

判定はボール。しかし西嶋はそんなのおかまいなしと、続けて120キロくらいの変化球、130キロ台のストレートを投げ込み、2つの空振りを奪う。

特に3球目のストレートにはあからさまに振り遅れている。古澤は打ち取られ、4番の清水優心にも同じような球を使い、三振を奪った。

西嶋亮太の超スローカーブが全国に知れ渡った瞬間であった。

その後、6回裏の古澤へは2球連続、続く清水優心へもスローカーブを見せた。

結局、終わってみれば12奪三振1失点完投、6－1で東海大四高が優勝候補九州国際大付属を下した。

健大高崎と戦うことなく清水優心は甲子園を去ることとなった。

あの少年たちの顔が思い浮かんだ。

しかしそれ以上に戦いの前の下馬評をあっさりとくつがえしてみせた東海大四高の西嶋亮太に夢中になった。

試合後、さまざまな有識者が「あの球」に自分の思いをぶつけ始める。

某局のアナウンサーが「あの球はいいのか？」とやれば、ネットは大炎上。

それに対し海の向こうからダルビッシュ有が「投げるのが一番難しい球だ」と西嶋

を称賛。超スローカーブは甲子園球場を飛び出し社会現象となった。


そして迎えた2回戦、山形中央戦は投手戦となる。

それでも0－0で迎えた7回に、あの球を投じた。

初戦のそれ以上の大歓声が球場を包む。

しかし彼は我関せずと次の球を投げ込む。

妙な違和感を覚えた。

たとえば球場で起こる大ファインプレーや起死回生のホームランなどに沸き起こる大歓声は確実にその選手に届き、選手も全身でそれを受け止める。

しかし彼に送られているはずの大歓声は明らかに行き場を失っている。

彼と大歓声の相性の悪さはいったい何なのだろう？

そんなことを考えていた。

試合は0－0のまま延長10回へ。味方のエラーが重なりついに失点。

2－0で敗れ、西嶋亮太の熱い夏は終わりを告げた。

高校を卒業したあとは社会人野球のJR北海道でプロ野球選手を目指したが、イップスに悩まされ苦しい野球生活を送ることとなり、2018年秋、彼が野球を引退することをネットのニュースで知った。

「北海道でトークライブをやってもらえませんか？」

奈良にある野球居酒屋「ビークレイジー」で開催した野球のトークライブを観にきてくれたお客さんから、自分の地元である北海道でもライブをやってもらえないか、とお誘いがあった。

「もちろんですっ。ぜひやらせてください！」

うちにも来てよ、なんて関西ではあいさつのように使われる言葉だ。言われることはあっても、それが実現することはなかなかない。ましてや場所が北海道である。実現できたらうれしいなぁなんてボンヤリと考えていた。

しかしライブが終わったあとも熱心に連絡が途切れることなく、数ヶ月後の4月に本当にライブが実現してしまった。

会場は「鴨々堂《かもかもどう》」という名前の古民家ギャラリーで、JR札幌駅からタクシーで10分もかからなかった。目の前には小さな川が流れていて木造の建物がなんともかわいらしい。2階建ての1階がライブ会場で、2階は楽屋として使わせてもらった。

軽めのリハーサルを終え、あっという間にライブ開始時刻となった。

1階にあるラジカセから軽快な出囃子が流れ、勢いよく階段を降りたところがステージとなっていた。

「みなさーん、こんばんはぁ！」

決して大きな会場ではなかったが、満席のお客さんがたくさんの拍手をくれた。

北海道で僕のライブを見たいお客さんがこんなにいるのか？

いや、きっと僕には言わず動員をがんばってくれたに違いない。

開始数十秒でこのイベントを実現できてよかったと胸が熱くなったのを覚えている。

たくさんのお客さんの笑顔が見えるなか、一番後ろのど真ん中に座っている男性と目があった。会場で唯一スーツ姿ということもあり、目に付いたのかもしれない。

仕事帰りのサラリーマンか？

ん……？　あれ？

どっかで会ったことがある……。

あれ……。

「えぇー、嘘！」

思わず出した大きな声で、自分の舞台を変な空気にしてしまった。

「ちょっと、質問させてください。お客様のなかで高校時代に甲子園に出場したことある人がいたら手を挙げてもらえませんか？」

静まり返る会場の一番後ろの席から、すっと手が挙がった。

「あともうひとつだけ。甲子園のマウンドで超スローカーブを投げたことがある方がいたら手を挙げてもらえます？」

先ほど手を挙げていたスーツ姿の男性は、さっきよりも何か申し訳なさげにニコッと手を挙げた。

「西嶋くん!?　なんでいる？（笑）」

「観にきました（笑）」

どうやらSNSの告知で、このイベントを知り、わざわざ観にきてくれたらしい。

客席は大盛り上がりである。

「よかったら前に出てきてもらえませんか？」

僕の登場をはるかに超える大きな拍手が会場から沸き起こった。

「甲子園、振り返ってどうですか？」

「ただただ最高の場所でした。でもほんとに、応援してくれた北海道の方々への感謝の気持ちはずっとこれからも忘れないと思います。ありがとうございました」

もはや誰のライブかもわからないくらいに会場からは大きな拍手が再び沸き起こった。彼の登場のおかげでライブは大盛況で幕を閉じる。


ライブのあとも話し足りない僕は彼を打ち上げに誘った。

一緒に飲むお酒は美味かった。

いろんな話をした。でもやっぱり最後はあのボールの話になった。

「自信なんです」

「自信？」

「はい、あのボール自体にはさほど意味はないんです。あのボールの次のボールを必ず厳しいコースに投げきるコントロールへの自信です。次の球への絶対的信頼がなければ超スローカーブなんて投げられないですから」

神髄は次のボールにあったのだ。

確かに次のボールは必ずアウトローへのストレート、もしくは厳しいコースへの変化球でカウントを有利に進めていた。彼は絶対的なコントロールへの覚悟を決めるためにあのボールを投じていたと言える。あのときの違和感の答えがわかった気がした。

「あと……実は近い将来、高校野球の指導者を目指したいと思ってます。そのときは応援よろしくお願いいたします」

「必ず応援するよ！」

新たな夢を聞かせてくれたのは4軒目のラーメン屋だった。


〝お久しぶりです。

お元気でお過ごしでしょうか？

またかみじょうさんとお会いできる時を楽しみにしています。

私事ですが、今は小樽双葉高校という学校で外部コーチとして甲子園を目指しています。

まだまだ未熟だな、と感じる毎日です。またお会いして野球の話をしてみたいです〟

あの夜から2年と少し、西嶋亮太から連絡が入った。監督とコーチが東海大四高OBというつながりで小樽双葉高校にたどり着いたそうだ。

小樽双葉といえば2013年秋季小樽支部大会、部員不足の野球部のため助っ人で入ったスキー部員がホームランを放ち全国的にニュースになったことがあった。

相変わらずど派手なエピソードには縁がある男だ。

平日は会社員、土日に高校野球とハードな生活だが、大好きな高校野球と大きな目標があるから充実しているのだという。

「いま実はいいピッチャーがいて、かみじょうさんにぜひ見てほしいんです。自信あります！」

どうやら彼直伝の〝あの球〟を投げるみたいだ。

また北海道に行ってみたいと思った。

西嶋亮太の次なる挑戦とその「自信」ってやつを確認するために。

上:トークライブの客席から舞台に上がってくれた西嶋くん
下:2023年の再会

すごい男がつかんだ光

関西学院大学（大阪）・樋口大徒選手

高校野球の2023年春季近畿大会を観戦するため大阪シティ信用金庫スタジアムを訪れていた。

第1試合が終わり、スタンドを出たところの日陰で休憩していると、観戦に来ていた4人組の男子学生に声をかけられた。聞けば、現在は大学の硬式野球部に所属する1年生だという。

4人のなかには、甲子園優勝経験のある名門校出身者や、四国の強豪校で甲子園に2度出場したという選手もいた。

「春のリーグ戦は終わったけど、どうや？　ベンチ入りはできそうか？」

「いやいや、全然ですっ」

4人が声をそろえて言う。

「でももうすぐ1、2年生だけの新人戦があるやろ？」

「はい。でも……僕らは出ないです」

「出ない？」

「推薦組じゃないんで……」

「えっ？」

どうやら彼らの大学は4学年で200人近い部員が在籍する野球部らしく、推薦なしで入部した選手は指導者の目に止まることすら難しいという。

「監督さんがいま、偶然ここを通ったとして、僕たちを見かけても、名前がわからないどころか、野球部かどうかもわからないと思います」

「ウソやろ⁉」

「いや、ホントです」

推薦組がグラウンドで練習している間は、彼らは狭い雨天練習場が主戦場らしく、もちろん雨の日は居場所がなくなる。そもそも同じ場所で練習をしていないため、守備やバッティング、身体のキレや野球に対する姿勢など、推薦組と比べられることすらない。仮に上でやっている選手の不調や怪我などでチャンスが巡ってきたときも、実戦練習やノックも満足に受けていない状態で、そのチャンスをものにするのもかなり難しいという。

「推薦組はやっぱすごいの？」

「すごいヤツも確かにいますけど、敵わないとは思いません」

もちろん実力社会、より優れた選手がベンチに入ることは間違いではない。

ただ、そうであるならばなおさら、すべての選手が勝負できる場所であってほしい。

そういう世界だから……、それで片付けていいとは思えない。

しかし、その場所を選んだのもまた彼ら自身なのだ。目をそむけたくなる現実は誰もが経験する。そんななかで歯を食いしばり、すべて受け入れたヤツだけに差し込む光もある。

僕はそんな男に心当たりがあった。

＊

「南港中央球場に来てるでっ」

「今日は、授業で球場に行けてないんです！　ぜひ関学の応援よろしくお願いします！」

樋口大徒《ひぐちやまと》とのいつものやり取りだ。

彼は関西学院大学硬式野球部のピッチャーで、淡路島出身、僕の高校の後輩だ。

これまで公式戦登板は一度もない。

彼と会うときはいつも応援スタンドだ。授業で球場に来られないときはチームの応援をお願いされることだって珍しくない。それでもひたむきに練習を続ける彼を応援した。

2021年の夏のある日、当時ドラフト注目選手だった関西学院大学の黒原拓未《くろはらたくみ》投手（広島東洋カープ）の取材でグラウンドに足を運んだ。

「かみじょうさん⁉」

「樋口⁉　なんで？」

突然グラウンドに現れた僕を見て驚いていたが、樋口以上に驚いたのは僕の方だった。関学の野球部員は約250人いる。

「うちの野球部は日本一です。部員数なら」

なんて彼はいつも笑っていた。もちろん全員が一緒に練習することはできない。チームはAとBに分かれ、さらにAの一軍・二軍、Bの一軍・二軍と4チームに分かれている。取材対象の黒原投手は関学のエースである。つまり樋口はいま、Aの一軍にいるということだ。

「実は今日初めてAチームの練習に入るんです！」

大学に入学して3度目の夏、やっとの思いでつかんだAチームの練習に向かう彼を偶然にも目にすることができた。

汗で色が変わったベースボールシャツがキラキラとまぶしい。


「かみじょうさん、こんにちは！　智弁和歌山出身の大林です」

樋口の隣にいた青年が順番を待っていたかのようにあいさつしてくれた。

智弁和歌山出身の大林優平投手である。右サイドハンドから勢いのいい球を投げる。

高校3年生の甲子園大会は新型コロナで春夏ともに中止になってしまったが、8月に甲子園で特別に行われた交流試合では、尽誠学園戦で先発も任されていた。

彼は1年生ながらすでにその場所にいる。

高校時代に素晴らしい成績を残した有名選手が毎年のように入学してくるそんな世界で、樋口大徒はこれまでどれだけの挫折を乗り越えてきたのだろう。

「大林はすごいヤツです」

「人のことはええから（笑）」

「すみません！」

「お前はすごいよ」

本当はそう言ってやりたかったんだ。

でもその言葉はそっと胸にしまった。


黒原拓未の取材から約1ヶ月が過ぎた。

関西学生野球連盟秋季リーグ戦が開幕する。その日は関西学院大学vs立命館大学の試合を観戦するため、南港中央球場を訪れていた。関西学院大学の先発はエース黒原拓未で来るだろうと勝手に予想し、いつものように樋口に連絡をする。

「南港中央球場に来てるでっ」

「ありがとうございます！　さっきまでスタンドにいたんですが……」

「帰った？」

「いまロッカーに向かってます」

「えっ……」

「今日ベンチに入ります！」

Aの一軍にはピッチャー10人、野手30人の計40人が在籍している。しかし、ベンチ入りとなるとさらに絞られ、定員は25人だ。一軍にいてもベンチ入りするにはさらに厳しい戦いが待っている。

「おめでとう！」

「マウンドに上がるかはわかりませんが、やりました！」

関西学院大学の先発マウンドには黒原ではなく同じ左の鈴木翔也が上がった。彼は樋口の同級生で、静岡高校時代には甲子園のマウンドも経験している。

初回に関学が1点を先制するものの、3回表に立命館大学が四球のランナーを1塁に置いて、2者連続のタイムリー2塁打で2－1と逆転されてしまう。5回からは鈴木に代わり執行大成《しぎょうたいせい》がマウンドへ。彼は県立伊丹高校時代から高校野球雑誌に名前があがるほどの注目投手で、大学1年生の秋からリーグ戦で投げる関学の次世代のエースである。なかなか援護点がもらえない執行は2イニングを投げ、1失点。

立命館大学が3－1の2点リードで7回表に入った。

「関西学院大学、選手の交代をお知らせします。ピッチャー執行くんに代わりまして……樋口くん、津名高校」

樋口の名前が球場に響いた。

「来たぁ！」

思わず拳を突き上げる。

心臓の音が徐々に速くなるのがわかった。大学3年生の秋にして、初めてのリーグ戦の登板がやってきた。

野球部へはスポーツ推薦ではなく一般入部だ。

周りには甲子園で活躍した選手やプロ野球選手になるような怪物がたくさんいた。Bチームにいた下級生のころ、ブルペンに入れたのはよくて週に2回のたった数分間だった。

しかし、そのわずかな時間に心血を注いだ。

1塁側から駆け足でマウンドに向かう彼の背中が誇らしくてたまらない。

背番号20がマウンドに到着する。

もともと動きが硬い上半身がさらにガチガチになっている。投球練習の1球目に帽子を下に落とした。それを拾う所作がまた、まったく様になっていない。

その緊張感は1塁側スタンドにいる僕にまで伝わってきた。

思わずキャッチャーの佐藤海都《かいと》（Ｈｏｎｄａ鈴鹿）がマウンドに駆け寄った。

「いざマウンドに上がると脚の震えが止まらなかったんです」

ブルペンでの投球と同じ人とは思えない、ぎこちない動きだ。

自分の背骨に添って、汗が落ちるのがわかった。まるで僕がマウンドにいるかのように手のひらは汗で濡れている。

投球練習が終わり、相手打者がバッターボックスに入る。

樋口が大きく深呼吸した。

静まる球場、球審がプレーをコールした。

樋口がその右腕を勢いよく振り放った。

「バッターを前にしたら、腹くくったんですかね？　意外と落ち着いて投げられたんですよ」

球審の右手が上がった。

先ほどとは動きが違う。

一球、一球にここまで力が入る野球観戦はなかなかない。拳の内側の爪が手のひらに食い込んでいるのがわかる。

ストライクコールがあるたびに、1塁側ベンチからも拍手が湧き起こる。ヒットで出たランナーは3塁まで進められたが、なんとかライトフライで打ち取り1イニングを無失点に抑えた。

ベンチに帰る彼を自らのことのようにガッツポーズで出迎える仲間たちの姿に心が揺さぶられた。

積み上げた日々をみんな知っていたんだ。

終わってみれば2イニングをヒット1本の無失点に抑えた。

「ナイスピッチ。次もあるな！」

「ありがとうございます！」

実際、ここから樋口大徒は4年生の秋まで一軍にい続けた。

リーグ戦は5試合で投げ、4試合で無失点を記録。

大学野球を最後までやり遂げた。

＊

「すごいですねぇ、その樋口さんて人は、いまどうしてるんですか？」

4人組の1人が質問してきた。

「いまは徳島野球倶楽部ってクラブチームで都市対抗目指してがんばってるよ」

「野球、続けてるんですね！」

彼らの面構えが出会ったときとまったく別人に見える。

「もし僕らがベンチ入りできたら、かみじょうさんは応援に来てくれますか?」

「もちろん」

「ありがとうございます。約束ですよ!　では失礼します!」

スタンドに戻っていく彼らの後ろ姿をしばらく見つめていると、第2試合のプレイボールのサイレンが球場に鳴り響いた。

スタンドからの大歓声が、まるで彼らを応援しているかのように聞こえた。

初めてＡチームの練習に参加できた日

生き様が誰かの背中を押す

香川大学（香川）・平岡佑梧選手

「９月１日にプロ志望届を提出します。
かみじょうさんにたくさん背中を押されて、ここまで来れました。
本当にありがとうございます。
結果はどうなるかわかりませんが、最後までやりきります！」

２０２２年８月22日のお昼過ぎ、平岡佑梧《ひらおかゆうご》から連絡が入った。とうとうここまで来たんだと思った。大学生のプロ志望届提出が開始される９月１日に提出するのも彼の強い気持ちの表れだったと思う。

＊

「かみじょうさん、はじめまして！　津名高野球部の平岡佑梧といいます」

「はじめまして！　自分も津名高野球部です。樋口大徒といいます」

2018年7月の終わりごろだった。夏の東兵庫大会準々決勝戦、報徳学園vs長田の試合をほっともっとフィールド神戸で観戦した帰り道に声をかけられた。

樋口と平岡は津名高校のダブルエース。母校の後輩である2人のことはよく知っていた。

2018年夏の高校野球は100回目の記念大会を迎え、兵庫大会は東兵庫と西兵庫に分けられた。津名は春季大会でベスト16に入ったことで、夏の西兵庫大会を第1シードで迎えることとなった。

初戦の姫路戦は樋口から平岡へのリレーで6－2で勝利。続く夢前との3回戦では平岡が9回を9奪三振、被安打2に抑える好投で7－1で勝利した。

そして迎えた4回戦の相手は第2シードの社高校。直前の春季地区大会の決勝で対戦、そのときは9－2で津名がコールド勝ちをおさめていた。

試合は先発樋口と社の2年生右腕藤本《ふじもと》竜輝《りゅうき》が力投を続け、6回終わって0－0の投手戦になった。しかし、7回に均衡が崩れ、社が1点を先制。津名も粘りを見せたが藤本を攻略することができず2－0で2人の最後の夏は幕を閉じた。

「夏、お疲れさんやったなっ！　上でも野球続けるんか？」

「はい！（2人）」

樋口大徒は関西学院大学に進学した。公式戦初登板は3年生の秋季リーグ戦だった。対戦相手である立命館大学のマウンドには藤本竜輝がいた。南港中央球場であの夏の明石トーカロ球場を思い浮かべたのはマウンド上の2人だけではなかった。


「僕、プロ野球選手になります！」

平岡佑梧から連絡があった。国立の香川大学に合格した知らせかと思えば、その先の目標を夢中になって語りはじめた。なんともかわいいやつである。ちなみに同大学からのプロ野球選手は過去に1人もいない。必ず初めての選手になると約束してくれた。

だが、入学してすぐの新入生交流会、周りの同級生にその夢を笑われてしまう。絶対に実現させてやろうと強く思った。

入学式の翌日、さっそく試合で投げる機会をもらい、結果も出た。幸先のいいスタートが切れたかに思えたが、慣れない男のひとり暮らし、食生活が乱れた。体重は76キロから60キロまで減った。投げる球にも力が伝わらない。自分は結局こんなもんなのか？　交流会で笑った奴らの言う通りだ。弱い自分が顔を見せはじめた。

しかし、そんな彼に救世主が現れる。

「第3巡選択希望選手、オリックス、村西良太、投手、近畿大学」

２０１９年のプロ野球ドラフト会議でオリックスから村西良太が指名された。

村西は平岡の3つ上の津名高校野球部の先輩であり、高校時代は自分と同じ「背番号10番」を付けたピッチャーだった。

憧れの近しい先輩が、自分の目指す場所にたどり着いた。

取材を受ける先輩の姿がキラキラと輝いていた。

自分もあの場所に行くんだ。強く心に誓い、野球一色の生活が始まった。技術的な部分もトレーナーさんに相談するだけでなくSNSのピッチング動画を見て研究した。食生活も栄養学から学び、枕もオーダーで作るほど睡眠にもこだわった。

すると年が明けた2月にはストレートは１４６キロにまで成長する。しっかり土台を作りながら着実に成長しているのがわかった。野球をするのが楽しい。自分はどこまで行けるだろう。２年生になる自分に期待しかなかった。

しかし……。

その力を試すためのリーグ戦が新型コロナウイルス感染拡大の影響で中止になってしまう。2年春のリーグ戦はすべて中止。練習は公園で軽く身体を動かす程度になってしまった。

そして本当に大変だったのは、1年後の3年春のリーグ戦のときだった。

他大学の連盟はほぼ開催、四国地区大学野球連盟も1部リーグは開催しているのに、2部リーグだけが中止になってしまった。

アピールする時間がどんどん削られていく。しかし彼はその環境をすべて受け入れた。そして着実に積み重ねた力を秋のリーグ戦で爆発させる。

「大学時代で一番印象に残る試合だったかもしれないです」

3年秋のリーグ戦もコロナの影響で2つの大学が出場辞退、しかし2季連続の中止だけは食い止めた。

4校が1試合総当たり方式の特別ルールで、香川大学はみごとに3連勝で優勝。うち2勝は平岡が勝ち星を上げた。

そして、1部リーグの高知大学との入れ替え戦が行われ、1戦目を7－1で勝利。

2戦目を勝てば1部に昇格という試合で、平岡佑梧が先発を任される。序盤から粘りのピッチングを見せ、着実にイニングを食べていく。香川大が3－1と2点リードで迎えた8回表の高知大の攻撃、代打の渡辺隼生にソロホームランを浴び、3－2となってしまう。さらにランナーを出し、一死2、3塁のピンチを迎える。

しかし、続く打者を三振とショートフライに打ち取り追加点を許さない。最終回もしっかり投げきり、終わってみれば10奪三振、被安打3、136球を投げきり完投勝利、1部昇格を果たした。

淡路島の北東部に位置する東浦という町で彼は生まれ育った。

小学生のころは兄の影響で始めた柔道に夢中になった。得意技は内股で、自らも野球よりも才能があったと断言する。実際、5年生のときには東京オリンピック柔道52キロ級金メダリストの阿部詩《あべうた》と対戦し、引き分けた逸話を持つ。

しかし、中学に上がるタイミングで練習を見てもらっていた先生が別の学校に移動すると知り、中学校からは仲のいい友達がたくさんいた野球部を選んだ。経験者に追いつくため、毎日お父さんとキャッチボールをした。ピッチャーを始めたのは中学3

年生の春からだった。投げ方は詳しく教わっておらず、当初から独特の変則サイドハンドだったという。凛と反り立った強い上半身から豪快な腕の振り、左脚をあまり上げない感じは、どことなく柔道の背負い投げのようにも見えなくはない。

高校に入学、公式戦初登板は3年生の春季県地区大会決勝、社高校との試合だった。初登板とは思えない落ち着いたピッチングで相手打線を7回2失点に抑える好投を見せ、9－2で7回コールド勝ちに導いた。野球がどんどん楽しくなった。このころからフツフツとプロ野球選手への憧れが強くなっていった。


平岡佑梧は4年生の春を迎えた。

これまで入学から、たび重なるリーグ戦中止や開催はあったが、連盟が認めた保護者や学校関係者以外は入場できなかった。そんななか迎えた4年春のリーグ戦は、ようやく有観客で行われると発表された。

「4月25日、応援に行くわ！」

僕は24日の夜行バスに乗り込んだ。早朝に愛媛県松山に到着し、ぼっちゃんスタジアムへ向かった。数年前に東芝vsホンダの試合を観戦して以来になる。バックスクリーン上のスコアボードが新しくなっていた。

「今年はプロ野球のオールスターやるからのぉー、力入っとるんよ」

僕の目線がスコアボードに向いていたのだろう。隣にいたおっちゃんがボソッとつぶやく。

「平岡いうて、香川大にええピッチャーおるよ。おとといも投げとったから疲れてないか心配やけどなぁ」

大学野球マニアなのか？

平岡が知られている。

身内がほめられたようで、うれしい気持ちになった。

試合は初回からおっちゃんの不安が的中する。フォアボールとヒットで2点を失い、次の回にも連打を浴び、6イニングを投げて6失点、試合も6－2で負けてしまった。

「今日は、せっかく来てくれたのにすみません」

「投げ過ぎか？」

「全然大丈夫です！　身体だけは強いので任せてください」

実際、このあとも平岡はガンガン投げ続け、4年春のリーグ戦、その後の入れ替え戦と合わせると12試合で84イニングを投げた。

この数字はおそらく日本の大学生で一番多く投げたと言っていい。

そして、迎えた運命の1日、10月20日。

プロ野球ドラフト会議、彼の名前が呼ばれることはなかった。

「かみじょうさん、ダメでした。今日までたくさん背中を押してくれてありがとうございました」

その夜、平岡から電話があった。

僕が君の背中を？　いや違う。

「平岡ががんばってるんで、僕も負けないようにがんばれます！」

樋口が僕によく言っていた。

彼が積み重ねたものは、友の背中をも押していたんだ。

自らの人生を懸命に生きることが、また他の誰かの人生を支える力になる。

数日後、また彼から連絡があった。

「四国の独立リーグ、香川オリーブガイナーズで来年からプレイします。ＮＰＢ目指してもう一回がんばります。応援よろしくお願いします」

僕ももっと懸命に生きてやる。

その生き様が誰かの背中を押せるように。

上:香川オリーブガイナーズからNPB入りを目指す背番号17
左中:愛媛大学戦の登板後、坊ちゃんスタジアムにて
右中:左脚を高く上げない変則サイドハンドの投球フォーム

隠岐の白波

隠岐高校（島根）・白野勝選手

島根県松江市の七類港《しちるいこう》から朝9時半発の大型フェリー「くにが」に乗り込んだ。

離れていく港に手を振る少年の横で、船尾から連なる白い波しぶきを眺めていた。

ふと子供のころによく乗った甲子園フェリーを思い出した。

船内で買ったシーフードヌードルを潮風に吹かれながら食べるのが大好きだった。

大型船ならではのエンジン音のリズムが僕を郷愁にいざなう。船室に戻ると大柄の男が毛布にくるまって眠っている。僕も隣で少し眠ることにした。

昨日の宴は最高だった。

突然、船内放送で民謡が流れはじめた。あまりの大音量に飛び起きる。

「なに!?　盆踊り？」

「いや、港に着いた合図です。かみじょうさん、西ノ島《にしのしま》につきました」

隣で眠っていた大柄の男も目を覚ました。

彼の名前は白野勝《しらのまさる》。

現在は生まれ故郷である島根県北部に浮かぶ隠岐《おき》諸島、島前にある西ノ島で暮らしている。彼とは共通の知人を介して8年くらい前に知り合った。自分の結婚式を翌日に控えながら、初対面の僕を含め集まった仲間たちと居酒屋で遅くまで一緒に酒を飲んだ。


「おい、マサル！　久しぶりだな？」

「おう！」

フェリーからの下船時に、おじさんから声をかけられる。明らかに年上のおじさんにもタメ口で話す彼を見て、少しなつかしい気持ちになった。

僕が生まれ育った淡路島にも島民同士の会話に敬語は存在しない。田舎ならではの方言もあるだろうが、家族だと思っていればそんな言葉は生まれないと昔、ばあちゃんに教わった。七類港からの乗船時にも船員たちから声をかけられていたことを思い出した。

「さすがに有名人ですねぇ」

「いや、島はこんなんです（笑）」

ほめられるのは苦手なタイプである。しかし、有名人であることに間違いはない。

2003年、彼は隠岐高校のエースで4番として第75回選抜高校野球大会に出場した。初戦でエース須永英輝《すながひでき》（日本ハム→巨人）率いる浦和学院に15－1と大敗したが、隠岐諸島から初の甲子園出場を成し遂げた島の英雄なのだ。

「今日はお昼から練習試合なんです。島の子供たちを見てやってください」

現在、彼は西ノ島で小学生に野球を教えている。僕がこの島を訪れた理由がここにある。


西ノ島に渡る前日、京都で13時までのラジオの生放送を終え、車で松江に向かった。松江で1泊して、朝のフェリーで島に向かうことを伝えると、彼はわざわざ僕を迎えに海を渡り松江まで出てきてくれた。

「かみじょうさん！　うーすっ」

JR松江駅前のホテルの駐車場、短パンにサンダル「yakyuumakunaritai」と書かれたキャップを斜めにかぶり、昨日も会ってたんじゃないか？　と思わせるくらい自然に声をかけてくれる。

「もう、みんなが集合してるみたいなんで、チェックインしたら行きましょうかぁ」

どうやら食事会を開いてくれるみたいだ。ホテルから歩いてすぐのお店に着くと、そこには松江市内の高校野球関係者や隠岐高校野球部ＯＢが集まっているではないか。

「遠路はるばるお疲れ様です！　何飲みますか？」

「おい、マサル！　お前はもう帰ってええよ」

「なんでやぁー！」

「かみじょうさぁん、コイツとの付き合いだけは考え直した方がええですよ」

「嶽野《だけの》先生、それは言うたらアカン（笑）」

みんなから愛されているのが、いやというほど伝わってきた。

昔話に花を咲かせながらも、自らの話題になると無関心になるところにも人柄が表れる。楽しい宴はもちろん1軒目で終わるわけがなく、2軒目のバーでも話足りず、3軒目の「酒美食人《しゅびしょくにん》」という酒場に移動した。隠岐島出身のご主人が地元でとれた海の幸や地酒を提供してくれるお店だ。店内にはプロ野球選手のサインボールやユニフォーム、甲子園のお土産の定番、校名ペナントが壁に何十枚も飾られていた。

「かみじょうさん、このペナント見て、何か気づきませんか？」

「えっ？」

ご主人が自慢げに問いかける。よく見ると2003年春の甲子園大会に出場した高校のペナントが、対戦カードごとに飾られていた。もちろん浦和学院の隣には隠岐のペナントが輝いている。

「うわっ！　なつかしい」

突然、お店のテレビ画面が高校野球に切り替わり、第75回選抜高校野球大会、隠岐vs浦和学院の試合が始まった。

「嶽野先生、若いなぁ」

「ここでデッドボールやねんなぁ」

「外のまっすぐを……逆らわず」

「ここで、もっかい、デッドボールやねん」

映像より周りの解説が早いのがおもしろい。試合に夢中になっていると2軒目に行く直前に一旦ホテルに戻っていた白野勝もお店に合流した。

「おい、この映像は流したらアカン言うたやろぉー。コラー」

「そんなことより、マサル、もう5点取られてるぞ（笑）」

「はよ消せー」

島民にとってはかけがえのない思い出も彼にとっては少しほろ苦いものになってい

る。そしてこの人にとっても……。

「マサル、この試合の映像一緒に見るの初めてやのぉ?」

「そう……ですねっ」

「お互い悔しくて、今日まで20年、一度も見とらんのです」

当時25歳の青年監督として隠岐高校を甲子園へ導いた嶽野正樹氏は島根の地酒「月山」をグイッと飲み干し、そうつぶやいた。

「甲子園もうれしかったですが、その夏、島根大会決勝まで勝ち上がってくれたのがもう……うれしかったですねぇ」

選抜の大敗で、力がなかったとは思われたくなかった。子供たちはやれる。それを証明したかった。そんななかで最後の夏、決勝で江の川(現・石見智翠館)に8−3で敗れたが、8回までは1点差の試合ができた。ちなみに江の川には秋の準々決勝で3−0と快勝している。白野は9回ワンアウトまでノーヒットノーランの快投だったらしいが、本人は気づいてなかったそうだ。

「親分肌でねぇ。全員ついてこーい! みたいな、マサルにみんながついていったんですよ」

どうしても忘れられないことがある。夏の初戦、益田東戦だ。

初回にノーアウト満塁の大チャンスで4番の白野勝に打席が回った。しかし結果は力みに力んでピッチャーフライ、その回を無得点で終わったそうだ。

「どう考えてもいやな展開でしょ? こいつは知らーん顔して、その後2打席連続ホームラン、左中間場外ですよ(笑)」

聞けば聞くほど漫画の主人公である。

野球を始めたのは中学校に入学してから、と少し遅い。

というのも島の小学校には野球部がなかった。

小学6年生で出場したわんぱく相撲では、身体はガリガリにもかかわらず天性の身体能力で勝ち進み、隠岐島の大会で準優勝。決勝で勝っていれば「両国国技館でできた」と悔しそうに語ってくれたが、負けた相手が元関脇の隠岐の海だと言うのだから驚かされる。

隠岐高校卒業後は、奈良産業大学(現・奈良学園大学)に進学。大学からは中学時代にやっていた捕手として桑原謙太朗(阪神)や蕭一傑《しょういっけつ》(阪神)とバッテリーを組み活躍した。

社会人野球チームからも誘いがあったが、あっさり断わり、松江市で就職して十数年が過ぎた。

やっぱり島に帰ろう。2020年ごろに生まれ故郷の西ノ島に帰ることにした。そしてそれからほどなくして仲間たちと一緒に西ノ島ドリームスを誕生させたのだ。

西ノ島の別府港から車で5分ほど上がったところ、西ノ島総合公園の中に広大なグラウンドがあった。

到着したのはちょうどお昼どきで、お母さんたちが子供たちのために作ったカレーを僕にも分けてくれた。

「こんにちは、西郷ファイターズで監督やってます、平田《へいだ》といいます」

対戦相手の監督さんがあいさつしてくれた。

「久しぶりやな！　今日はよろしく」

短パンにサンダルから、ユニフォームに着替えた白野勝が後ろから現れた。

ユニフォーム姿に華がある。

「彼が僕の高校時代のキャッチャーですよ！」

なんと対戦相手の監督は共に甲子園でバッテリーを組んだ平田稔選手だった。

夢の場所を知るふたりがお互い、隠岐島で少年野球を指導している。

とても素敵なことだ。

西ノ島ドリームスvs西郷ファイターズの試合が始まった。

「がんばれぇー！」

「カンちゃんナイスピッチ！」

バックネット裏のお母さんやお父さん、僕の隣で一番声を出していたおじさんは、孫がいるわけでもないのに、子供たち全員の名前を覚えていた。

西郷ファイターズの先発ピッチャーは身体が大きく、まるで伊良部秀輝のように、左ひじをグイッと前に突き出して豪快に右腕を振ってくる。球も速いし、なかなか打つのは難しそうだと感じた。

しかし5番バッターが外野手の間を抜く3塁打を放つ、続く6番バッターがピッチャーゴロ、しかしピッチャーがファーストに投げる瞬間にサードランナーがいっきにホームをつく好走塁を見せる。ファーストが慌てて投げるもののホームイン。サードランナーの好判断で1点をもぎ取った。

「すごーい！　タイガどうしたん？　本番にめちゃくちゃ強いやん！　タイガすごーい!!」

バックネット裏のお母さんたちが盛り上がっていた。そこからは1点を返され1－

1の同点のまま最終回へ。

ドリームスが2点を追加したが、その裏で伊良部秀輝似の彼にサヨナラランニングホームランを打たれて試合終了となった。声をかけようとベンチ裏に移動すると、いままでに見たことがない真剣な表情で子供たちに語りかけていた。

「こんな試合初めてなんです……うわぁ、勝ちたかったぁああ」

実はまだ一度も試合に勝ったことがないそうだ。普段の負け方も10点差なんかは当たり前、そんなチームにとっては喉から手が出るほどに欲しかった初勝利だった。

「叱ると泣いたりする子もいますが、次の練習ではケロッとしてます。子供たちは純粋で、すごいなぁて」


その夜は西ノ島ドリームスの監督、コーチ、保護者の方々と酒を酌み交わした。

「最終回のショートゴロエラーが痛かったなぁ」

「カケルはサードも守れるな」

「勝たせてやりたかったなぁ」

お酒を飲みながらも、話題は子供たちの野球のことばかりだった。

「野球とこの島に育ててもらったんで、この島の子供たちにも野球楽しいなぁ、て思ってもらえたらそれが一番うれしいですね」

翌朝、西ノ島の別府港から10時20分発の大型フェリー「しらしま」に乗り込んだ。

離れていく港に向かって船尾から白い波しぶきが連なるのを眺めていた。

徐々に消えていくその波しぶきがふと、白野勝のように思えた。

あぁ、きっとそうなんだ。

島の子供たちがいつか立派に羽ばたくその日まで、きっと彼は白い道しるべを立て続けていくのだろう。

たくさんの島の人たちから自らもそうしてもらったのだから。

上:白野勝コーチと西ノ島ドリームスの選手たち
下:隠岐高校元監督の嶽野正樹氏(左)と白野勝(右)

あとがき

先日、阪神ファンの息子と甲子園に阪神vs中日の試合を観にいってきた。

中日の先発はWBC日本代表にも選出されていた高橋宏斗、初回ツーアウトランナーなしで2年目のルーキー前川右京がバッターボックスに入った。

ふと、3年前の記憶がよみがえってきた。


2020年は、コロナの影響で春夏ともに甲子園は中止になってしまった。センバツに出場が決まっていた32校を甲子園に招待し、夏に1試合だけの交流試合が行われた。

8月12日、中京大中京は智弁学園と対戦、中京大中京のマウンドには高橋宏斗が上がる。初回ツーアウト2塁で智弁学園の2年生の前川右京がバッターボックスに入った。

無観客で静まり返る甲子園球場、こんな高校野球は初めてだった。

前川はセンターフライに打ち取られた。


あれから3年が経ち、あの時と同じ球場で2人は再び対戦した。

違うのはお互いがプロ野球選手になり、超満員の大歓声を浴びていることだ。

高橋はあの日以来の甲子園、あの日の最速を上回る154キロのストレートを投じた。そのボールを前川右京がセンター前に弾き返す。

球場はさらに大きな歓声で包まれた。

まるで2人の約束を知っていたかのように。


最後まで読んでいただきありがとうございました。

本書に登場したすべての野球人は僕にとっての盟友だと思っています。

僕の人生に彩りを与えてくれた彼らとの約束を、これからも大切に生きていこうと思います。

かみじょう たけし

1977年12月31日生まれ。兵庫県淡路島出身。松竹芸能所属のピン芸人。小学校6年生の時、地元淡路島・津名高校の応援に明石球場へ兵庫大会を観に行ったのがきっかけで高校野球に夢中になる。地方大会を含め年間約100試合を観戦し、選手だけでなく選手の家族にも注目し声援を送っている。2014年にテレビ番組「アメトーーク!〜高校野球大大大好き芸人〜」に出演し、“高校野球大好き芸人”として話題に。高校野球の魅力をテレビやラジオ、またイベントなどで日々語っている。一人息子も少年野球チームに所属。野球少年の父親として奮闘中である。著書に『野球の子』(二見書房)がある。

YouTube「かみじょうたけしの高校野球物語」
公式Twitter @kuritanau

協力｜浅見俊哉、近藤寿美、紺野真由、藤田浩子（松竹芸能株式会社）
組版｜横川浩之
校正｜渡辺貴之
装画｜大久保つぐみ
ブックデザイン｜albireo

野《や》球《きゅう》の子《こ》 盟《めい》友《ゆう》

2023年8月25日初版発行

著　者　かみじょう たけし

発行所　株式会社 二見書房
東京都千代田区神田三崎町2-18-11
電話 03（3515）2311［営業］　振替 00170-4-2639

印　刷　株式会社 堀内印刷所
製　本　株式会社 村上製本所

落丁・乱丁本はお取り替えいたします。定価はカバーに表示してあります。
©Takeshi Kamijo 2023,Printed in Japan. ISBN 978-4-576-23093-1
https://www.futami.co.jp/

二 見 書 房 の 野 球 の 本

好 評 発 売 中

野球の子

かみじょうたけし［著］

高校野球大好き芸人が出会った
球児たちのノンフィクション。
奇跡のホームランを打った子、
廃部寸前だった小さな島の子、
「最も残酷な一日」を経験した子…15篇収録。

信じる力と伝える力

日ハム栗山監督に学ぶ新時代のリーダー論

児玉光雄［著］

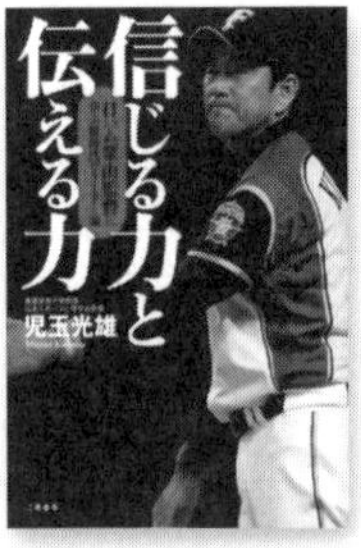

監督経験のない彼が、なぜ結果を出せたのか?
その言動、采配から、これまでの監督とは
真逆ともいえる謙虚で熱いリーダー像を探り、
「チームの団結心」が生む強さの秘密に迫る。

大リーガー イチローの少年時代

鈴木宣之［著］

小さな町の名もない少年野球チームに
入団したイチローが、
13人のワンパク仲間と一緒に、
全国大会をめざして練習したエピソードや
いたずらっ子ぶりを紹介した感動の物語。